엄지가족의 씽킹컵

Thinking cup

홍창준 · 박효정 · 김례진 · 이혜령 · 김영주 · 김경미 · 심은정 · 김경옥

엄지가족의 씽킹컵

홍창준 외 7명 작가 공저

서정문학

머리말

엄지가족은 MBC 똑똑키즈스쿨 엄지맨 홍창준 작가의 팬클럽 이름이다.
본 책의 내용은 엄지가족 중에서 글을 좋아하고 책을 열렬히 좋아하시는 분들에게 의뢰하여 모은 내용이다.
개인적인 글도 있고 시사적인 느낌의 글도 있으며 자기계발에 대한 글도 섞여 있을 것이다.
가장 어린 초등 저학년의 글도 있고 여러 연령층의 다양한 직업을 가진 사람들이 나름대로의 원하는 글들을 써주어 이렇게 책을 내게 되었다.

우리 인생은 변화무쌍하다고 할 수 있다.
즐거워서 웃다가도 일순간 불행이 닥칠 때도 있고 슬프다가 어느샌가 웃을 수 있는 시간이 다가올 수도 있을 것이다.

너무 힘들다고 좌절하지 말자. 이 또한 시간이 지나면 언제 그랬냐는 듯이 지나갈 테니까.
너무 즐겁다고 경거망동하지 말자. 계속 웃음만 나오는 인생일 리가 없을 테니까.

엄지가족의 씽킹컵(생각의 컵) 속 그네들이 전하고 싶은 메시지는 삶에 지쳐있고 찌들어있는 사람들에게 단비와 같이 촉촉한 글로 마음을 위로하고 적셔주리라 생각한다.

이 책이 나오도록 집필해준 김경미, 김경옥, 김례진, 김영주, 박효정, 심은정, 이혜령의 공동저자들에게 감사의 뜻을 표한다.

공동저자 대표 홍창준 작가

contents

모두들 크게 성공하려 노력하는 사람들.
성공은 결국 나의 욕심을 채우는 일이 아니던가?
내가 돈을 많이 벌어야 성공했다고 하고,
내가 명예로와져야 성공했다고 하고,
내가 예쁜 여자를 얻어야 성공했다고 하고,
내가 무언가 원하는 것을 이루어야
성공했다고 한다.

나만을 위한 성공목표들…
이는 나를 좁게 만드는 결정적 단점이 있다.
편협하고 욕심꾸러기로 만들기 쉬운 성공예찬들.
나는 남보다 더 중요하다는 바탕 아래 시작하는 게다.
필자 또한 이런 마인드로 성공가도를 달렸었다.
어느 정점에 다다랐을 때 커다란 망치로
얻어맞는 충격을 받았다.
가진 게 많을수록 좁아진 나의 마음을 보고 놀란 것이다.

지금은 그때와 매우 다른 삶을 살고 있다.
이 원리를 왜 이제서야 깨달았을까?
넓게 세상을 보려면 내가 더 높은 곳에 올라서야
가능하다는 걸.
당장 네모상자를 가져오자.

그 위에 안정되게 올라서서 주변을 바라보자.
키가 커진 듯 훨씬 더 넓게 세상을 둘러볼 수
있을 게다.

네모 위에 올라선 당신이 해답이다.
'나' 를 네모(ㅁ)위에 올려놓으면 '남' 이 된다.
나를 위한 삶이 아닌 남을 위한 삶을 사는 것이
세상을 더 넓게 보는 방법이었던 것이다.
많은 사람을 이끌기 위해서는 그들 전체를
볼 줄 알아야 한다.

거시적 안목.
나만 아는 좁은 마음의 사람은 대통령이 될 수 없다.
내 욕심만 채우려는 사람은 결코 리더가 될 수 없다.
네모 위에 올라서서 더 넓게 보는 거시적 안목을
키워야 큰 인물이 될 수 있다는 진리.
이건 필자가 깨달은 진리 중의 진리이다.

여자의 사랑표현

여자는 남자를 사랑할 때
그에게 따뜻한 밥, 맛있는 반찬을
해주고 싶어한다.

여자는 남자를 사랑할 때
그의 손톱과 발톱을 정성스럽게
깎아주고 싶어한다.

여자는 남자를 사랑할 때
그의 새치머리도 자신의 손으로
염색해주고 싶어한다.

여자는 남자를 사랑할 때
그의 팔에 안겨 팔베개를 하고
포근히 잠들고 싶어한다.

여자는 남자를 사랑할 때
그가 멀리 있어도 찾아가서
그와 함께하고 싶어한다.

여자는 남자를 사랑할 때
그의 감미로운 사랑의 표현을

매일같이 듣고 싶어한다.

여자는 남자를 사랑할 때
그와 성격과 생김새가 닮은
아이를 낳고 싶어한다.

여자는 남자를 사랑할 때
그를 위한 거라면 무엇이든
제일 먼저 해주고 싶어한다.

여자는 남자를 사랑할 때
그가 기쁘면 같이 웃어주고
그가 슬프면 같이 울어주고 싶어한다.

여자는 남자를 사랑할 때,
여자는 남자를 진짜 사랑할 때
받으려고만 하는 '이기적인 사랑' 이 아니라
'헌신적인 사랑' 을 한다.

이것이 바로 하나님이 원하시는 사랑이다.

-국민멘토 홍창준-

남자의 사랑표현

남자는 여자를 사랑할 때
그녀의 손을 잡아주어 따뜻한 사랑을
느끼게 해주고 싶어한다.

남자는 여자를 사랑할 때
그녀가 추울 것 같아 겉옷을 벗어서
감싸주고 싶어한다.

남자는 여자를 사랑할 때
그녀의 마음이 다칠까 봐 바른 언어를
사용하고 싶어한다.

남자는 여자를 사랑할 때
그녀를 팔에 안아 팔베개를 해주고
포근히 잠들고 싶어한다.

남자는 여자를 사랑할 때
그녀를 위해 오랫동안 피웠던 담배를
알아서 끊고 싶어한다.

남자는 여자를 사랑할 때
그녀가 오해하지 않도록 다른 여자와의

관계를 조심하고 싶어한다.

남자는 여자를 사랑할 때
그녀가 금전적인 것으로 고생하지 않도록
능력을 발휘하고 싶어한다.

남자는 여자를 사랑할 때
그녀가 아무리 멀리 있어도 찾아가서
함께하고 싶어한다.

남자는 여자를 사랑할 때
그녀에게 감미로운 사랑의 표현을
매일같이 하고 싶어한다.

남자는 여자를 사랑할 때
그녀의 성격과 생김새가 닮은
아이를 낳고 싶어한다.

남자는 여자를 사랑할 때
그녀를 위한 거라면 무엇이든
제일 먼저 해주고 싶어한다.

남자는 여자를 사랑할 때
그녀가 기쁘면 같이 웃어주고
그녀가 슬프면 같이 울어주고 싶어한다.

남자는 여자를 사랑할 때,
남자는 여자를 진짜 사랑할 때
받으려고만 하는 '이기적인 사랑'이 아니라
'헌신적인 사랑'을 한다.

이것이 바로 하나님이 원하시는 사랑이다.

-국민멘토 홍창준-

답답함의 발생원인과 해결방안

답답함을 느끼는 건 누구나 일상에서 겪게 되는 것 같다.

아이가 시킨 일을 잘 못할 때,
남편이 게으르고 힘들게 할 때,
애인이 비전없이 빈둥거릴 때.
나 자신이 맡은 일을 해결하지 못할 때…

답답하다는 감정은
자신의 템포보다 느린 속도를 만났을 때나
해결하기 힘든 일에 부딪혔을 때, 혹은 그런
상황을 시키거나 보고 있을 때 느끼게 된다.

실제로 행동이나 말이 빠른 사람은 게으르거나
느린 사람을 매우 답답하게 생각하는 경향이
있다.

느리면 게으르다?
거기에는 꼭 동의할 수 없을 것 같다.
사람은 누구나 자신의 라이프스타일과 성향이
있기 때문이다.

필자의 지인 중에도 말과 행동이 매우 느린 분이

계신데 대화중에 답답함을 느끼기보다는
느림의 미학과 함께 더 깊은 생각의 소유자임을
깨닫게 된다.

느려서 답답하다는 것은 사실 본인이 너무
빠르다는 걸 의미할 수도 있다.

언행이 빠른 사람은 액션이 강해서 좋지만
가끔 실수를 한다.

내뱉은 말은 주워 담기 힘들듯이 속사포처럼
쏘아대지 말고 좀 더 깊게 느리게 생각할 필요성이
있을 것이다.

또 하나의 답답하다는 감정은 문제 해결을 못할 때
발생한다.

문제를 해결하지 못한다는 것은 그 대상자가
주어진 일에 경험이 부족하거나 능력이
덜 발달했다는 의미일 수 있다.

가령 5세 아이가 밥을 먹는데 젓가락질을

못해서 자꾸 반찬을 떨어트리면 답답해하고
짜증내는 아빠들.

소근육 발달이 느린 걸 어찌하겠는가?
그 아이가 5세 때 슈퍼맨처럼 날아다니길 바라나?
답답해하지 말고 당연한 듯 이해해주자.
수준에 맞지 않는 게임이나 놀이를 아무리
여러 번 설명해주어도 알아듣지 못하는 아이는
느리게 발달하는 아이다.

수학 능력이 발달하지 못해서,
운동 능력이 발달하지 못해서,
미술 감각이 발달하지 못해서 그런 것이라면?

여성운전자가 도로주행을 하면 한숨을
내쉬며 답답해하는 남자들.

여자는 선천적으로 공간인지능력이 덜 발달했고
남자에 비해 멀리 보는 능력이 떨어진다.

그런 여성이 TV를 보면서 뜨개질을 하고 통화를
동시에 하는 멀티플레이어라는 게 놀랍지 않나?

남자를 화나게 하는 방법은 벽에 못을 박을 때 옆에서 말시키는 것이라고 하던데.

한 가지에만 집중하려 하는 남자.
서로 다른 게다.
아이들도 다르고, 여성과 남성들도 다른 것이다.

가만히 살펴보자.
'왜 내가 답답함을 느끼는 걸까?' 하고.

그래,
결국 답답함의 감정은 내 속에서 나온 불만의 일종이었던 것이다.

나와 다름이 불만으로 표출되는 것.
나보다 느리니까 답답한 것.
나는 할 수 있는데 너는 못하니까 답답한 것.

이제 정리를 해보자.
당신이 상대방을 보고 답답함을 느끼듯
누군가도 당신의 언행을 보고 땅을 치며
답답해할 수 있다는 걸 알아주시길.

답답함을 느껴야 하는 곳이 있다.
꽁꽁 창문을 잠가둔 아파트 실내공간이다.
이럴 땐 춥더라도 잠시 숲을 찾아서 맑은 공기를
마시며 힐링하자.

이유없이 답답함을 느낄 때가 있다.
이럴 땐 가까운 성당이나 교회를 찾아가
두 손 모으고 기도를 드리자.
가슴이 뻥 뚫리고 힐링이 될 것이다.

답답함!
그건 해결 못해서 힘들어하는 수능시험과 같다.
답을 못 찾아 헤메이는 것.
답을 찾자! 답을 찾자!
그래서 우린 "답!답!"하다는 것은 아닐까?

답답함은 곧 '답! 답!' 하고 해답을 달라는
영혼의 울림은 아닐는지…

-국민멘토 홍창준-

말 한마디가 천 냥보다 더한 이유

말 한마디에 천 냥 빚을 갚는다고 하지요.
좋은 말 한마디는 천 냥 빚을 갚지만
나쁜 말 한마디는 천 냥 빚을 집니다.

입으로 나오는 말은
당신의 머리에서 나오는
생각 덩어리들입니다.

"합격하셨습니다!"
"당신만을 사랑하겠습니다!"
"최고로 멋지십니다"

이렇게 칭찬받거나 좋은 소식을 들으면
나빴던 기분이 이내 좋아지는 효과가 있지요.
바로 긍정의 효과입니다.

"불합격입니다!"
"넌 인간 쓰레기야!"
"실망스럽군요"
이런 좋지 않은 말을 들으면
좋았던 기분도 이내 나빠지는 효과가 있지요.
바로 부정의 효과입니다.

열심히 노력해서 칭찬받으려 하시고,
더 열심히 노력해서 좋은 소식을 전해들으세요.

덜 노력해서 실패의 말을 듣지 마시고,
더욱 게을러서 나쁜 소식을 전해 듣지 마세요.

나와 타인의 입에서 나오는 가시같은 말들이
서로를 슬프게 하고 아프게 합니다.

필자의 지인 중에는 절대 긍정적 마인드를
가지면서 절대 부정을 하는 사람이 있습니다.
참 아이러니하면서 믿지 못할 부류이지요.
본인이 하는 것은 다 옳고 긍정적이라 하지만
남이 하는 것은 다 틀리고 부정적이라 하더군요.
이건 매우 이기적인 마인드입니다.

절대긍정의 주사약을
나 자신에게만 사용하는 사람이 되지 마세요.

주변 이웃에게 그 약을 나누어 주세요.
이웃의 상황이 부정적이라 해도 당신이 가진
훌륭한 긍정의 힘으로 바꾸어주십시오.

오늘부터 약속해 주세요.

당신의 입에서 나오는 말 한마디가
천 냥보다 더 중요하다는 것을 깨닫고
긍정적이며 희망적인, 칭찬하고 격려하는
말만 하겠다는 약속.

못생긴 여자에게 "매력있는 분이시군요!"
아픈 병자에게 "곧 다 나으실 겁니다. 걱정마세요"
좌절하는 사람에게 "당신은 곧 성공할 거에요"

천사의 등에 있는 날개와도 같이
당신의 입에서 나오는 천사의 말에도
날개가 달려서 천 냥 빚을 갚고 천리를
날아가게 될 것입니다.

-국민멘토 홍창준 작가-

소중함(Cherish)의 의미

소중하다는 말을 자주 하시나요?
소중(Cherish)의 어원은 cher(care or hug) + ish (suffix)
로서 다른 사람을 안아주고 보호하고 싶은 것을 말합니다.

소중한 마음은 '누군가를 안아주고 보호해주고 픈
사랑의 마음' 이라 할 수 있겠습니다.

번화가 거리를 걷다 보면 가끔 '안아드립니다' 라는
푯말을 가진 분들을 보게 되지요.

그냥 지나치는 사람도 많겠지만 용기를
내어 안기는 사람들도 보게 됩니다.

찌든 사회생활 속에서 잠시나마 힐링할 수 있는 모습.

이처럼 우린 스킨십을 통해 상대방을 느끼고
이해하고 사랑할 수 있습니다.

삭막한 세상에서 무엇이 정말 소중한 것인지를
깨닫고 그걸 놓치지 않으려 하는 게 중요합니다.

당신이 어린 시절에 가장 소중했던 것은

무엇이었나요?

손 때가 꼬질꼬질 묻은 곰돌이 인형?
언제나 꿀잠을 자게 해주던 완소 베개?
너무나 웃기고 재미있던 유아용 비디오?
아빠와 엄마, 누나와 형, 동생과의 행복했던 추억?
소중함을 낭비하지 마세요.

'모든 게 소중하다는 것' 은
'모든 것이 소중하지 않다라는 것' 이
될 지도 모르니까요.

내게 매우 특별한 단 한 개의 특별성 물건이 있어서
너무 소중한 것과
그 특별한 것이 너무 많아서 이미 특별성을 잃어버리고
보편성으로 바뀌어 버리게
될 수 있답니다.

힘껏 껴안아주고 보호해주고 싶다는 소중함.
그 소중함은 특정한 물건이 될 수도 있고
그 소중함은 특정한 사람이 될 수도 있어요.
절대 잃어버리지 마시고

꼬옥 쥐고 계셔야 합니다.

돈이 사람보다 소중한 것으로 여겨지지 않아야 합니다.
명예가 사람보다 소중한 것으로 여겨지지 않아야 합니다.
가장 근본이 되는 나 자신을 소중히 생각하시고 아껴주세요.
남을 안아주기 전에 자신의 두 팔로 당신의
몸을 꼬옥 감싸주고 안아주시기 바랍니다.
그리고 잠시 생각해주세요.
내가 나를 얼마나 아끼고 소중하게 생각했는지를.

이기적이 되라는 뜻이 아닙니다.
나를 사랑하지 않고, 나를 소중하게 생각하지
않는 사람은 온전히 상대방을 사랑할 수
없다는 걸 아시나요?

당신의 가슴속 하트모양에서 사랑이 샘솟지
아니하면 마른 우물처럼 언제나 목마른 공허한
사랑을 주게 될 것입니다.

나를 소중히 여기시고
가족을 소중히 여기시고
사랑하는 이를 소중히 여기십시오.

내가 나를 안아주며 보호해 주시고
내가 나의 가족을 안아주시고 보호해 주시고
내가 나의 사랑하는 사람을 안아주고 보호해
주어야만 합니다.

소중한 것을 잃어버리는 과오를 범하지 말아주세요.

잃어버린 소중함은 이미 소중한 것이
아니었을 수도 있으니까요.

-국민멘토 홍창준-

'감사합니다'는 마법의 주문

해리포터 시리즈를 본 사람들은 마법에 대해
관심이 많을 것이다.

세상에 그런 것이 어디 있냐고?
바로 '감사합니다' 라는 말에 있다.

원래 감사하다는 말은 신에게 드린 표현이라는 설이 있다.

불가능한 것에 닥쳤을 때 기도를 하고
이에 응답받아서 기적을 이뤘을 때
'감사합니다' 를 사용했다는 것이다.

재미있는 건,
'사랑합니다! 넌 최고야! 감사합니다!' 등의
칭찬 및 격려 언어를 사용했을 때 물의
결정도 달라지고 실제 감사할 일의 빈도수가
급등했다는 실험.

어느 도예가가 도자기를 굽다 보면 아무리 정성껏 반죽을
하고 구워도 40프로 정도가 깨어지게 되더라는 거다.

이후 '감사합니다' 를 주문처럼 외우며, 말하며

진심을 다해 감사하는 마음을 가지고 도자기를 만들었는데 단 한 개도 깨지지 않았다고 한다.

이건 정말 획기적이고 주목할만한 대목이다.
사이비 종교같은 이야기로 들리시는지?
당신의 입에서 '감사합니다' 라는 말을 하는 횟수를 하나님이 세고 계시지는 않을까?

"창준이가 저 일을 하면서 '감사합니다!' 를 990번 했으니 이제 내가 기적을 행하려면 딱 10번이 남았군!"

그 분이 정하신 횟수가 몇 번인지는 아무도 모른다.

안타깝게도 단 한 번만 더 하면 되는데 멈추어버릴 수도 있다는 것이다.

기도의 최고봉은 '감사의 기도' 이다.

제게 일용할 양식을 주셔서 감사합니다.
제가 더 살 수 있게 해주셔서 감사드립니다.
제 자녀가 건강하게 해 주셔서 감사드립니다.

로또가 실패하여 경고하심에 감사드립니다.
비가 내리게 해주심에 감사드립니다.
사랑하는 사람을 보내주심에 감사드립니다.

감사하는 자의 입에서 나온 '감사합니다.'

주님을 안 믿는 자에게는 '마법의 주문' 이고,
주님을 믿는 자에게는 '축복의 언어' 인 게다.

믿는 자에게 복이 있나니…

내게 '감사합니다' 는 기적의 증거다!

-국민멘토 홍창준-

모든 것은 시간이 말해준다

어떤 사람인지는 시간이 말해준다.

의지를 가진 사람.
두 가지 분류.
시간이 지나면서 의지가 약해지는 사람.
시간이 지나면서 의지가 강해지는 사람.

사랑을 하는 사람.

두 가지 분류.
시간이 지나면서 사랑이 작아지는 사람.
시간이 지나면서 사랑이 커지는 사람.

세일즈 하는 사람.

두 가지 분류.
시간이 지나면서 신뢰를 잃는 사람.
시간이 지나면서 신뢰를 얻는 사람.

리더가 되는 사람.

두 가지 분류.

시간이 지나면서 자신을 챙기는 사람.
시간이 지나면서 상대방을 챙기는 사람.

모든 것은 시간이 말해준다.

-국민멘토 홍창준-

변치 않는 사랑의 조건

변치 않는 사랑의 조건.
그것은,
변치 않는 관심과 사랑의 충전.
충전이 멈추면
시간이 지나면서 사랑도 방전된다.

사랑하는 이들이여.
사랑의 충전을 멈추지 말라.

사랑은 어항 속 물고기와 같다.
내 것이 되었다고 방치할 때
곧 굶어서 죽은 물고기를 보게 된다.

잠시도 멈추지 않고
사랑을 충전하자.
그것이 꼭 만남과 스킨십이 아니어도 좋다.
전화기로 전해지는 목소리 하나에
가득 충전될 수도 있는 것이다.

멈추지 않고 충전하는 것.
그것이
변치 않는 사랑의 유일한 조건이다.

-국민멘토 홍창준-

호숫가의 잉크 한 방울

삶이 그대를 속일지라도
그대는 삶을 속이지 마십시오.

이웃이 그대를 아프게 할지라도
그대는 이웃을 아프게 하지 마십시오.

남편이 그대를 욕할지라도
그대는 남편을 욕하지 마십시오.

받는 대로 주고 주는 대로 받는 세상.
나쁜 것을 주면 반드시 나쁜 것이 돌아옵니다.
좋은 것을 주면 반드시 좋은 것이 돌아옵니다.
이것이 '부메랑의 법칙' 입니다.
뿌린 대로 거두고 주는 대로 받는 것.

나쁜 것이 왔다고 해서 그대의 손과 입을
더럽히지 마세요.
당신은 오염된 것을 정화시키는 호수가
되어야만 합니다.

한 방울의 잉크는 컵 속의 물을 까맣게
오염시키지만 거대한 호숫가의 잉크 한 방울은 쉽게

정화됩니다.

삶이 그대를 속일지라도
그대는 삶을 속이지 마십시오.

-국민멘토 홍창준-

· 2012년 유아교육 명강사 선정
· 미국사단법인 국제문화교육협회 유아교육 전문위원
· 글로벌교육방송국 전임강사
· EPS평생교육원 유아놀이 전문강사
· 월간 폴라리스 특집 '초임교사 유아교육가이드' 연재
· 푸드아트쉐프 1급 자격 및 케이터링전문 '미니팜' 대표

겸손으로 누르기

사람은 주변 환경에 따라 변합니다.

하지만 나만의 신념, 주관이 마음속 깊이
자리 잡고 있는 사람이라면
이 세상 모든 것을 다 가졌다 해도
교만함이 아닌 겸손함으로 채워질 것입니다.

돈과 명예, 권력이 있다고 거만해지는
사람이 있는가 하면 더 겸손하고 낮은 자세를
유지하는 사람이 있습니다.

지식으로 교만한 사람이 있는가 하면
자신의 지식을 세상에 남기고,
함께 나누려는 사람이 있습니다.

든든한 후원자를 믿고 자만하는 자가
있는가 하면 감사함으로 더 나은 모습을 위해
노력하는 사람이 있습니다.

과거와 현재를 비교하여 나 자신이 더 나은 모습으로 변화되
었다면 교만과 겸손 중 어느 것이

마음에 자리 잡고 있는지 생각해보세요.
자신감은 높아지되 자신감 사이에 조용히 자리 잡으려는 교만을 겸손으로 꾹! 눌러 버려야합니다.

벼는 익을수록 고개를 숙입니다

과거의 추억에 감사하세요

인터넷 강의로만 제 모습을 보셨던 분을
어느 날 만나게 되었습니다.

인사 후 조심스레 하시는 말씀이
"강사님! 영상에서는 키가 커 보였는데
생각보다 아담하시네요?"
"네. 제가 좀 작지요?"
자주 듣는 말이라 이젠 당연하게 느껴집니다.

저희 부모님은 두 분 다 키가 크신 편이고,
남동생 또한 작은 키는 아닙니다.
유난히 저만 키가 작은 이유는
못 먹어서가 아닌, 안 먹어서입니다.
지금도 친척들을 만나면 어렸을 적 안 먹어서
엄마를 많이 힘들게 했다고 이야기를 하시지요.
제가 생각해봐도 참 안 먹었습니다.
그래서 늘 입병을 달고 살았고 유치원 때부터
맨 앞자리는 항상 제 자리였죠.

그래도 전 작은 것에 대해 스트레스를 받거나
민감한 적 없이 잘 지내왔습니다.

시간이 흘러 유아교육을 공부하고
교사생활을 하던 중 아이의 편식지도를 하게 되면서
‘나는 왜 그렇게 혼나면서도 잘 안 먹었을까?’

문득 어릴 적 나의 심리가 궁금해지더군요.
내 마음이었는데도 그동안 돌아보지 않고
무심하게 시간이 흘러왔다는 걸 알게 되었습니다.

시간을 거슬러 올라가 작은 박효정에게
조용히 물어보았습니다.
작은 효정이의 눈으로 보고,
마음으로 생각해보았습니다.
저희 어머니는 어렸을 적부터 미용실을 하셨기 때문에
외할머니와 함께 생활하는 시간이 많았습니다.
외할머니께 항상 넘치는 사랑을 받으면서도
엄마의 관심을 늘 받고 싶었던 작은 효정이.

그러던 어느 날
드디어 엄마에게 관심받을 수 있는
쉬우면서도 효과적인 방법을 찾게 되었습니다.
그것은 바로 편식이었습니다.

식사시간 때마다 오직 나를 위한
음식을 해주시는 것도,
사람들에게 안 먹는다고 걱정스레
내 이야기를 하는 것도…
모두 엄마에게 사랑받고 있다는 느낌이었고 행복했습니다.
작은 효정이는 편식으로 관심끌기를 했더군요.

시간이 오래 흘러버렸지만
작은 효정이의 마음을 읽어주고
힘들었던 어머니의 입장도 되어보면서
마음이 많이 아팠습니다.

잊고 지냈던 일들이 새록새록 떠오를 땐
그 기억을 따라 깊이 들어가
제3자가 되어 지켜보세요.

그땐 전혀 몰랐던 사실들을
하나, 하나 발견하게 되고,
다시 그 상황을 자세하게 돌아보게 됩니다.

마치 숨겨진 보물을 찾은 것처럼

새로워서 소중한 추억이 되기도 하고,
나의 감정을 이해하고 인정하는
치유의 시간이 되기도 하지요.

우리는
행복했던 추억은 회상하기를 즐기나,
괴롭고, 슬픈 추억은 상처를 들추기 싫어 과거 속에
덮어놓고 그 끈을 놓지 못하고 살기도 합니다.

당신이 기억하고 있는 그 추억은
내 삶의 수많은 추억들 중
내가 기억하고 있는 특별하고, 소중한 것입니다.

그러니
나의 모든 추억에게 감사하세요.

그 추억들은
오직 나에게만 존재하는 유일한 것이니까요.

지나간 과거는 버릴 게 없습니다.

그 집 강아지와 내 집 아이

현관문을 열자 하얗고 작은 강아지가 나를 반깁니다.
옆 집 문이 열린 것으로 보아 그 집 강아지인 듯 합니다.

몇 년 전 여행 중 휴게소에서 어이없이 개한테 물린
경험이 있어서인지 자라보고 놀란 가슴
솥뚜껑 보고 놀란다고 작은 강아지인데도 화들짝 놀라
"아이고!"라는 말이 나도 모르게 튀어나왔지요.

주인이 이름을 불러도 살랑살랑 꼬리를 흔들며 내 주위를 맴
도는 강아지를 뒤로한 채 엘리베이터를 탔습니다.
그런데 이 강아지.
생각해보니 짖는 소리가 이상하더군요.
무언가 목에 걸린 듯한 힘든 소리를 내고 있었습니다.

엘리베이터에서 곰곰이 생각해보니
성대수술을 한 것 같았습니다.
말로만 듣던 성대수술.
강아지의 힘겨운 소리를 직접 들으니
뭉클함이 몰려왔습니다.

강아지가 짖는 게 시끄럽다고 버리거나,

다른 곳으로 보내지 않고 끝까지 함께 살기 위한
최후의 방법을 택한 것이라는 걸 알기에
'수술을 결정한 주인도 마음이 많이 아팠겠구나'
라는 생각이 들었습니다.

그런데 어느 집을 방문하고 성대수술이나 짖을 때마다
전기충격기나 스프레이를 사용하여
스트레스받게 하는 방법이 아닌,
사람과 마찬가지로 반복훈련을 통해
시끄럽게 짖음을 줄일 수 있는 방법도 있다는 걸
알게 되었습니다.
이 훈련을 위해서는 무엇 때문에 짖는지,
다른 해결방법이 뭐가 있을지 원인과 해결방법을 찾으면서
주인이 인내심과 애정을 갖고 기다려주고,
믿어 주어야함이 기본이 되어야 합니다.

그 결과..
시간이 오래 걸릴지언정 꼭 바뀌게 되지요.
우리 아이들의 양육방법과 비슷하지요?
말 못하는 강아지의 소통방법은 짖는 것,
말 못하는 어린 아이의 소통방법은 우는 것이니 말입니다.

그러나 강아지에 대한 사랑도 없이 단순하게
내 소유물이라고 생각하는 사람은 이 방법을
절대 사용할 수 없을 뿐 아니라 그 효과도
기대할 수 없겠지요.

글을 쓰다 보니 제 친구 이야기가 생각납니다.
친구와 공원에서 산책하고 있던 어느 날.
주인이 없는 듯 조금 지저분해 보이는 개 한 마리가
우리 곁을 맴돌아서 먹을 것을 주었고
그 후 다른 곳으로 이동하여 함께 시간을 보내다
늦은 시간에 헤어졌습니다.
그런데 헤어진지 한 시간 뒤 친구에게 전화가 왔습니다.
"그 녀석이 없어졌어…"
주인 없이 떠도는 개가 눈앞에 아른거려 헤어지고 나서
그 캄캄한 밤에 공원을 찾아간 것이지요.

또 퇴근길 다치거나 주인 없는 떠돌이 개를 보면
바로 시청에 연락하여 해결하고,
시에서 도착이 늦으면 집까지 데려가 보살피고,
차에 치인 고양이나 개를 도와주려다
손, 다리, 얼굴을 크게 물려

병원 신세를 지기도 하고…
동물에 대한 사랑이 큰 친구인 만큼
마음도 여리고 예쁜 그녀입니다.

이런 사람이 있는 반면 처음엔 강아지가 작아서
귀엽다고 키우다가 커버리고 병들면
아무 곳에나 버리는 사람들도 있지요.
버려진 것도 모른 채 그 자리에서 하염없이 주인을
기다리는 개…
이럴 때 '개만도 못하다' 는 말이 적용되지 않을까요?

우리가 아이를 낳고 부모가 되어 아이가 이 세상을
잘 살아갈 수 있도록 아이의 인생을 끝까지
책임지는 것처럼 동물도 마찬가지입니다.
끝까지 책임지지 못할 거면 시작도 하지 말아야 하겠죠.

내가 시작한 일, 결과가 따르는 일이라면
무거운 책임감을 안고 한 번 더 신중하게
생각해야 할 것입니다.

모든 일에는 책임이 따릅니다.

네가 답이야

네 생각
마음 가는 대로 해.
그게 답이야.

남에게 이끌려
떠밀려서 하면
꼭 후회가 남기 마련이지.

뒤돌아섰을 때 후회 없도록
네 생각대로
마음 가는 대로 해.
그게 최고의 답이야.

어떠한 결과가 너를 기다린다 해도
네 스스로 선택한 것인 만큼
담담히 받아들일 수 있는 힘이
네 안에 분명 있을 거야.

네 삶의 주인공은 바로 너니까.
네 선택이 옳고, 그게 답이야.

너를 끝까지 믿고
지혜롭게 기다려보렴.

오직 너가 답이야.

선입견의 오해

택시를 타는 순간, 지갑을 습득한 택시는
연락을 달라는 방송이 나옵니다.

그 이야기에 아저씨와 저의 이야기꽃이 피기 시작했지요.
사실 전 택시를 타면 침묵이기 쉽지만 어른이기에
맞장구치며 공감해드립니다.

오늘 만난 택시 아저씨는 택시운전을 하시면서
분실한 지갑을 16번이나 찾아주셨답니다.

그러나 16번 중 감사 인사는
전화로 딱 두 번 받았다고 합니다.

한 번은 고등학생의 감사전화,
또 한 번은 식당하는 아주머니인데 지갑에
꽤 많은 돈이 들었었는지 세 번이나 식사대접을 하겠다고
전화가 왔었지만 끝까지 거절했다고 하십니다.
그 이유는 택시기사의 역할을 다했을 뿐이기에
받을 이유가 없다고 하시더군요.

"택시기사", "버스기사" 하면 선입견을 가지고 보는

사람들이 의외로 많습니다.

정해진 시간에 차를 이동해야 하기에 교통규칙을
어기기도 하고 난폭운전을 해야 하는 경우도 많지요.

또 오랜 시간의 운전으로 피로에 지쳐
친절하지 못한 이미지를 줄 때도 있구요.

하지만 그동안 제가 탔던 택시와 버스는
화이트데이라고 타는 손님마다 사탕선물을 하는 택시,
마치 책 한 권을 읽는 듯 깨달음을 주는 택시,
친 딸처럼, 가족처럼 대해주는 택시,
할머니가 자리에 앉으실 때까지 기다려주는 버스,
사람이 타고 내릴 때마다 한 명 한 명 눈을
마주치며 인사하는 버스…
정말 좋은 기사님들을 만나보았답니다.

물론 실망스럽고 어른답지 못한 분들이 간혹 있기도 하지만
부분만 보고 전체를 평가하는 건 아니지요.

어떤 직업이든

직업에는 귀천이 없고,
사명감을 갖고 최선을 다하는,
존경할 수 있는 분들이 주변에 많음을 잊지 말아야겠습니다.

오래된 습관

"혹시 선생님 아니신가요?"

처음 보시는 분이 내게 묻습니다.
제 얼굴에 '선생님' 하고 쓰여있다고 하네요.

옷과 머리는 단정히,
악세사리는 작은 것으로,
손톱은 짧게,
밝은 미소, 표정유지,
바르게, 친절하게…

10년 넘게 교사생활을 하며
몸에 배어버린 습관을 무시할 수 있을까요?

이젠 이 모든 것이 자연스럽고,
당연하다고 느껴집니다.

얼마 전 남동생이 여자친구와 헤어지고
곧 다른 여자를 만나야겠다는 소리에
"그럼 그 여자는 어떡해…"하며
심각하게 잔소리를 늘어놓았습니다.

동생은 농담으로 한 소리였는데
혼자서 서론, 본론, 결론까지 이야기해버렸고
동생은 누나에겐 정말 아무소리도 못하겠다며
고개를 절래절래 흔들더군요.

또 차를 타고 이동하는 중 친구가 작은 비닐을
창문 밖에 버리는 것을 보고 화들짝 놀라며
"비닐이 썩으려면 얼마나 많은 시간이 걸리는데" 하며
이야기를 시작했지요.
물론 다그치거나 심하게 이야기한 건 아니었지만
친구는 넌 못말린다며 웃으며 툴툴거렸습니다.

물론 이런 잔소리는 아무에게나 하는 건 아닙니다.
오직 가까운 사람에게만
자연스럽게 이런 현상이 나타나지요.

어찌 보면 과한 사명감인 것 같습니다.

이 과한 사명감의 역효과는
바로 내 자신도 적용된다는 것입니다.
항상 바르고, 모범이 되어야 하고, 잘해야 한다고…

내게 무의식적으로 주문을 걸고있지요.

오래된 습관의 문제성은 누군가 알려주기 전에
쉽게 인식하기 어렵다는 것.
그리고 수정하는 것은 더더욱 힘들지요.

그래서 가까운 주변 사람들에게
“나의 고쳐야 할 점은 뭐야?
객관적으로, 솔직하게 얘기해줘.” 하고
묻는 버릇이 있습니다.

질문의 대답에 때론 살짝 놀라기도 하고
의심도 하지만 쓴소리를 하는 사람이 진정 나를 사랑하는,
내게 필요한 사람임을 알고 있습니다.

가까이에 쓴소리, 바른 소리를 해줄 수 있는
내사람을 만들고 자신을 돌아보며 체크해야만
습관의 역효과를 예방할 수 있습니다.

습관은
그것을 만드는데 걸린 시간만큼 우리 곁에 머뭅니다.

척하고 척하며 척하는 인생

잘난척, 착한척, 친한척, 힘든척
불쌍한척, 씩씩한척, 행복한척
똑똑한척…

우리는 이렇게 척하며 살아갑니다.

'척하며 사는 건 진실하지 못하다.'
'가식적이다'
이런 생각을 가지고 있었습니다.

그래서 어쩌다 나도 모르게 척하고 있는
나를 발견할 땐 핀잔을 주며 다시 다짐하곤 했지요.

척하며 사는 건 이러한 단점만 있는 걸까요?
척하며 지혜롭게 대처해야 할 때가 있고,
척하며 나 자신을 존중해줘야 할 때도 있고,
척하며 공동체 생활에서 외톨이가 되지 않도록
노력해야 할 때가 있고,
척하며 상황에 따라 감정을 숨겨야 하고,
척하며 긍정의 힘을 만들어야 하고,
척하며 나보다 상대를 배려해야 하고…

세상에서 원만하게 어울려 살아가려면
내가 원하지는 않아도 척하며 살아야 할 때가 많습니다.

척하며 사는 건 세상을 살아가는데
꼭 필요한 하나의 방법, 자기관리이기도 하지요.

경험을 쌓기 위해, 나를 시험해 보기 위해
일 년 조금 넘게 상담원 일을 한 적이 있었지요.

상담원들은 항상 고객과의 친절하고 만족스런
상담을 위해 수많은 교육과 연습기간을 거쳐야 합니다.

자신의 상담내용을 녹음하여 피드백하고
고객의 돌발질문에도 잘 대처할 수 있도록
철저하게 교육받습니다.

수습기간이 끝난 후에도 내 상담은 물론
다른 상담원의 상담내용을 들으며
문제점을 파악하고 대처능력을 배우는
주기적인 교육을 받아야하지요.

그리고
매달 마지막 주에는 수많은 상담원들의
고객 응대점수를 등수 매기고 벽에 게시하여
서로 경쟁을 하기도 합니다.
전 마치 학교에 다시 온 기분이었지요.

한번은 감기몸살에 걸려 너무 아픈 상태에서
상담을 해야했습니다.

머리속에는 항상 '친절' 이라는 단어가 있기에
아픈 가운데서도 최선을 다해 상담을 했습니다.

그러다 우연히 책상에 있는 거울에 비친
내 모습을 보았지요.
신기하게도 몸은 아픈데 웃고 있더군요.
그때 찡그린 얼굴로는 절대 밝은 목소리가
나오지 않는다는 것을 알게 되었습니다.

맡은 일에 최선을 다하기 위해 척하는 방법을 사용하며
참 열심히도 일했던 기억이 납니다.

그런데 전 좀 과해서 자다가도 툭치면
“고객님! 기다려주셔서 감사합니다” 하는 말이 나오고
택시를 타고 내리면서도
“감사합니다!”에 이어 “상담원 박효정입니다.”
라는 말이 나도 모르게 튀어나와 당황스럽기도 했습니다.

필요 이상으로 과하게 척하는 방법을
사용하게 되면 역효과를 불러오기도 하죠.

과하게 척할수록 내 모습은 사라지고
스스로 더 괴롭다는 것
초라해진다는 것을 느끼게 됩니다.

그런 느낌이 온다면 그땐 무조건 멈추고
자신의 모습을 한번 더 돌아보세요.

그리고 함께 소통하고 나눌 수 있는 진정한 내 사람에게
현재 내 모습을 그대로 보여주면서 나를 느끼고 인정하며
다시 충전해보는 거에요.
그 후엔 좀 더 지혜롭게 척하는 방법을
사용할 수 있을 겁니다.

어떻게 척하는 방법을 사용하느냐에 따라
세상과 잘 어울려 행복한 삶을 만들어가기도 하고,
다른 사람의 눈치만 보는 삶을 살기도 하고,
사람들과 어울리지 못하고 혼자만의 삶을 살기도 하지요.

척하고 척하며 척하는 인생.

어떤 척하는 방법을 사용하든
모든 선택은 우리에게 있다는 것,
내 삶은 나의 선택에 따라 만들어집니다.

친절도 과하면 병이다?

며칠 전 집에 도착해 엘레베이터를 기다리는데
문이 열리자 어떤 50대 아주머니 한 분이
내리시면서 제게 말을 걸으셨습니다.

"지금 관리 사무소 앞에서 축협홍보로
계란 한판씩 나눠준대요…"

사실 냉장고에 계란이 있는 상태였고
난 무척 피곤했던 터라 별 관심이 없었습니다.
순간 지혜롭게 거절해야 하는데 아주머니 표정이
너무 진지하셨고 이미 난 그 손에 이끌려가고 있더군요.
아파트 두 개 동을 지나야 하는 조금 먼 관리사무소.
그 사무소 앞에 도착했는데 어쩐 일인지
아무런 흔적조차 없이 정적만이 흘렀습니다.
아주머니는 이상하다며 민망하신지 관리사무소에
문의를 하려고 하시는 게 아니겠어요.
이때 전 기다려야 하는지 또 고민에 빠져있었습니다.
아주머니께 이끌림을 당했는데 이젠 그대로 멈춰라를
해야 하는 상황.
아무래도 이건 아니라는 생각에 결국 먼저 가겠다는
인사를 하고 집으로 향했죠.

아주머니는 잘못들은 정보 때문에
내게 미안함을 가지셨겠지만
난 오히려 '내가 먼저 가서 민망하셨겠지…' 하며
아주머니 걱정을 했습니다.

가끔 이런 일들로 바보같이 고민에 빠질 때가
종종 있지요.

나보다 남을 더 배려한다는 것.

저는 그렇습니다.

남에게 친절과 관심, 배려를 느꼈다면 받은 그 이상
그에 대한 몇 배로 돌려주어야만 편합니다.

남들은
"너무 과하다."
"친절과 배려도 병이다."라고 내게 이야기하지요.
그래서 가끔 오해도 사고 스스로 힘들어질 때도 있습니다.

저는 그렇습니다.

저는 원래 그런 사람입니다.

내게 주는 관심과 사랑, 배려를 감사히 생각하고
더 많이 표현해야만 두다리 뻗고 편히 잠들 수 있습니다.

저는 그렇게 보고 배웠고, 그 기쁨도 맛보았지요.
내가 주는 친절과 배려는 결국 남을 위한 것이 아닌
나 자신을 위한 것이기 때문입니다.

지금도 그 멋쩍어하시던 아주머니 생각에
살며시 미소가 지어집니다.

한 번, 두 번, 세 번

모든 인연이 소중하고 아름답기만 할까요?

살아가다 보면 실망을 안겨주는 사람,
내게 실수하는 사람,
상처를 선물하는 사람들과의 만남이 있습니다.

인연에 대한 미련으로

한 번…
두 번…
세 번까지는 참아봅니다.

한 번…
두 번…
세 번까지는 기다려봅니다.

한 번은 부드럽게
두 번은 조금 딱딱하게
세 번은 마지막인 것처럼 단호하게 이야기합니다.

고집스럽고, 유난스러울 수도 있으나

우유부단함을 예방하기 위한
나만의 약속과 철칙이지요.

가끔
한 번…
두 번…
세 번째의 인내와 배려를 무시하고,
넘겨버리는 사람들로 인해 시험에 들기도 하나,
그 과정들은 나를 연단시키고,
내 소중한 인연들을 지켜나가기 위한
방법입니다.

한 번…
두 번…
세 번…

홀로 서지 못한 사람에게 찾아오는 것

기분이 가라앉고, 우울합니다.

감정조절이 어려워 "욱!"하며 화를 내기도 하고
슬픈 노래만 들어도 눈물이 주르륵 흘러내립니다.

기분을 전환하기 위해
사람들과 이야기를 나누며 잠시 잊어봅니다.
맛있는 음식과 술로 기분 좋은 시간을 보냅니다.

어떤 날은 아무 생각없이 잠을 잡니다.
음악을 들으며,
영화를 보며,
목욕을 하며,
운동을 하며,
내가 좋아하는 것을 하며…
어떻게든 벗어나려 노력합니다.

그래도…
그 낯선 감정은 보풀처럼 남아있습니다.
저의 방법이 틀린 것 같습니다.

어떤 분의 이 말씀에
살짝 저의 이야기를 하며 공감해주었습니다.
"저만 그런 게 아니었군요. 누구나 그럴 수 있네요."
하며 안심하는 표정으로 이야기하더군요.

누구나 살면서 가슴 깊이 묻어둔 상처와
풀지 못한 숙제가 있기 마련이지요.
단지 내방식대로 허전한 마음을 채워가기 위해
애써 태연하게 노력하는 것뿐입니다.

누군가 내 곁에 함께한다 해도
내 문제를 모두 해결해 줄 수는 없습니다.

오직 나 자신이 그 상황을 이겨내며
세상에서 살아가는데 필요한 면역성을 키워야 합니다.

우리는 앞으로 더 많은 사람을 만나고,
지금보다 힘든 상황을 경험하게 될 수도 있습니다.

지금부터 홀로서기에 적응하세요.
더 강해지세요.

외로움은

홀로서지 못한 사람에게 찾아오는 감정입니다.

· 김례진 스피치리더십연구소 대표
· 현대자동차그룹 전임 퍼실리데이터
· TBN 교통방송 '성공습관가이드' 코너 생방송 라디오특강 진행
· MBC라디오 '김례진의 사람과 사랑' 코너 진행
· SK Telecom Rainbow Academy 리더강사

"당신 Day"는 언제입니까?

매월 14일은 Day마케팅으로 특별한 기념일들로
지정되어 있다.
2월 14일 발렌타인 Day,
3월 14일 화이트 Day가 가장 대표적인 Day로
주로 연인들을 위한 Day가 많고,
간혹 연인이 없는 사람들을 위해 그들끼리
함께할 수 있는 젊은 층들을 위한
이벤트 성 Day가 대부분이다.
즉, 누군가를 위한 Day, 혹은
누군가와 함께하는 Day들인 것이다.
한 달 내내 수고한 당신을 위한 Day는
그 어떤 달에도 존재하지 않는다.
일 년에 딱 한 번뿐인 당신의 생일은,
누군가를 위한 Day에 비하면
당신은 소중하게 보상받지 못하고 있음이다.
따라서 오직 당신만을 위한 "당신 Day"는
젊은층 뿐만 아니라 남녀노소 누구에게라도
필요한 Day인 것이다.

당신만을 위한 "당신 Day"는 언제입니까?
"휴일이 휴일 같지 않다, 쉬어도 쉰 것 같지 않다" 라는 것은
온전히 당신만을 위한 날이 없었기 때문이다.

그렇다고 일 년에 한 번뿐인 여름휴가만
목 빠지게 기다릴 것인가?
명절이라고 해서 오로지 당신만을 위해 쓸 수 있는 자유가
있는 것도 아니고.
"당신 Day"는 거창하지 않아도 된다.

다른 Day처럼 마케팅전략에 휩쓸려
특정 소비가 목적이 되지 않아도 되고,
누군가의 선물을 고민하지 않아도 되며,
오직 당신만을 위한 날이기 때문에
당신이 좋아할 만한 일을 하거나,
당신이 하고 싶은 일로 당신 Day를 쓰면 되는 것이다.

그날은 쇼핑을 하든, 사우나를 가든,
만화책만 보든, 당신이 정한 날에 당신이 하고 싶은 일을
하면 되는 것이다.
그렇다고 당신이 꼭 뭘 해야 하는 것만도 아니다.
."당신 Day"니까.
잠만 자도 되고 아예 아무것도 안 해도 된다.
"당신 Day"니까.
한 달 내내 수고한 당신을 위해 매월 "당신 Day"를 선물해
주기를 바란다.

지금 당장 달력을 펼치고 매월 당신만을 위한 “당신 Day”를 지정해 주기를 바란다.
그 누구보다 수고한, 소중한 “당신”을 위해.

당신의 최종학력은?

자신 없는 얼굴로 누군가 이렇게 말한다.
"저는 학력이 딸려요, 가방 끈이 짧거든요."
그래서 물었다.
"최종학력이 어떻게 되시는데요?"
망설이다 대답한다.
"고졸이요"
"전문대 졸업했어요"
"지방대 나왔어요"

주눅들지 마시라. 위축되지 마시라.
비하하지 마시라. 열등감 느끼지 마시라.
당신의 지금 학력은 최종학력이 아니라
현재 학력이기 때문이다.
당신의 최종학력은 당신이 앞으로 대학을 입학할 수도 있고,
야간이든 사이버대학이든
학사과정을 이수할 수도 있으며,
대학원 석사, 박사학위까지 아직 최종적으로
결정된 바가 없다.
지금 당신의 학력은 최종 진학이
결정되지 않은 현재 학력인 것이다.

따라서

“당신의 현재 학력은 어떻게 되십니까?”라는 질문에는
“고졸이요”
“전문대 졸업했어요”
“지방대 나왔어요”라는 대답이 맞다
하지만
“당신의 최종학력은 어떻게 되십니까?”라는 질문에
“최종학력은 아직 결정된 바 없습니다”라고
당신에게 먼저 당당히 대답해주기를 바란다.

당신이 간절히 원하는 분야를 찾게 되었을 때
당신이 무엇을 공부하느냐가 중요한 것이지,
그게 언제냐가 더 중요하다고 볼 수는 없다.
따라서 당신의 최종학력은 아직 결정된 바가 아니기 때문에
당신의 현재 학력이 반드시 최종학력은 아닌 것이다.

언제라도 당신의 학력은 업그레이드 가능함을
자신에게 먼저 당당하게 답해 주기 바란다.

당신은 전문가입니까?

여기 미혼의 젊은 유치원 선생님이 한 분 계신다.

아옹다옹 질서정연하게 둘러앉은 어린아이들을
엄마인 우리를 대신해 키워주고 가르치고
먹이고 달래고 놀아주는 제2의 엄마 말이다.
"우리의 아이들과 이렇게 좋은 시간 보내주시는
선생님들의 수고 덕분에 워킹 맘들은
잠깐 아이들 생각 잊고 맘 편히 일에 몰입합니다"라는
감사의 표현에
"저도 나중에 워킹 맘이 되겠죠?
나 같은 선생님 만났음 좋겠다"라고 당당히 말할 수 있는
그대야말로 진실한 교육자요,
그대야말로 진정한 전문가라네.
결혼해서 아이를 낳으면 자기 같은 유치원 선생님을
만났으면 좋겠다고 말할 수 있는 사람.

당신은 어떤 사람입니까?
"고객님은 진짜 나 같은 직원을 만나야 해"
"환자들은 진짜 나 같은 의사를 만나야 해"
"교육생들은 진짜 나 같은 강사를 만나야 해"
"우리 애들은 진짜 나 같은 부모 만나서 다행이야"
"우리 남편(아내)은 진짜 나 같은 아내(남편)만나서 행운이

야"

나의 직업과 역할에 스스로 당당할 수 있는 사람
그게 바로 진정한 소명의식과 책임의식을 가진 전문가로다.

당신은 진정한 전문가입니까?

미래 일기

어쩌면 이렇게 피부가 좋냐고 사람들이 묻는다
비싸고 좋은 화장품 발라서 좋냐고?
천만의 말씀!
바르기만 해도 피부가 좋아지는 화장품이 있다면
이 세상에 피부로 고민할 사람도,
피부과도 화장품 회사도 더 이상 존재할 필요가 없다.
매일 나는 하루도 거르지 않고
한 시간 이상 나의 피부를 정성껏 보살펴주었다.
밥은 걸러도 세수는 거르지 않았고,
만취에 정신은 포기해도 클렌징은 포기하지 않았다.

어쩌면 이렇게 군살 없이 날씬하냐고 사람들이 묻는다.
비싼 다이어트 약 먹고 뺐냐고?
천만의 말씀!
먹기만 해도 쭉쭉 빠지는 다이어트 약이 있다면
이 세상에 살과의 전쟁을 치를 사람도,
비만 전문 병원도 다이어트 약품도 존재할 필요가 없다.
매일 나는 하루도 거르지 않고
한 시간 이상 죽어라 걷고 뛰며
내 몸을 관리해주었다.
비가 와도 눈이 와도 새벽, 밤길 마다 않고
운동화 바닥이 닳아질 때까지

나는 쉼없이 걷고 뛰며 사계절을 땀과 함께 했다.
새벽잠은 포기해도 운동은 포기하지 않았고,
떡볶이는 포기해도 뛰기는 포기하지 않았다

일주일에 한 권 이상의 책을 읽고,
그 와중에 틈틈이 영어 공부하는,
자기관리에 철저한
나를 보고 사람들이 말한다
"경제적 여유 되고 시간적 여유 되니 가능한 거라고".
그들에게 나는 말한다
'나는 피부과에 바칠 돈과
전문 트레이너에게 맡길 여유를 아껴
매일 한 시간 이상 피부를 보살펴 주었고,
매일 한 시간 이상 운동으로 몸매를 관리했으며
바로 지금, 그대들이 잠든 이 시간을 쪼개어
매일 새벽을 남들보다 더 많이 살았기에
가능한 오늘이다' 라고.

포기 말고 포맷하게

인생 포기하고 싶은 그대에게!
나도 인생을 잘못 살았던 적이 여러 번 있었지.
하지만 다시 성공해갈 수 있는 이유는
그때마다 새로운 나로 다시 살았던 거 같아.
내가 어떻게 살아왔느냐 보다,
내가 다시 새롭게 사는 순간 다른 내가 되는 거니까.
과거의 삶이나 실수와 후회에 연연해 하지 않고
다시 뻔뻔하게 새로 살았던 거 같아.
당신이 열아홉이든 서른이든 마흔이든 상관없어.
지금까지 그대가 어떤 삶을 살아왔건
뒤집을 수 있다는 게 중요하니까.
내가 원하는 모습으로 내가 다시 시작하겠다는데
누구의 허락이 필요하진 않아.
누가 당신의 삶을 기억하든 말든 그 따위 것 무시해버려.
누가 뭐라고 하든 당신의 삶을 간섭할 자격,
평가할 자격, 당신을 결정할 자격
아무에게도 주지마. 무조건 그대의 것이니까.
당신이 원하는 대로 언제든 시작하면 되는 거야.
그대니까. 그대의 삶은 그대 거니까.
사람은 한 가지 모습으로 평생 살지는 않아.
때로는 주연도 됐다가 조연도 됐다가
엑스트라나 악역도 됐다가

어떤 때는 소품이나 풍경이
되어버리는 경우도 있지.
그 배역에 연연해 하지 말고
좀 뻔뻔하게 당신이 원하는 모습이 아닐 때는 바꿔버려.
당신의 삶을, 당신의 기억을, 당신의 모습을,
당신의 전부를 포맷해버려.
원하는 모습으로 살 수 있도록 몇 번이고 포맷해도 돼.
그러다 원하는 모습을 찾게 되잖아?
그땐 절대 바꾸지 말고 그 순간부터 그대를 가꿔줘야 해
미모든 지식이든 경험이든 인맥이든 경력이든,
뭐든 업그레이드 시켜줘.
돌아보면 후회 없는 인생 없고, 그래서 돌아가고
싶은 순간이 누구에게나 존재하기 마련이지
하지만 돌아갈 수 없다는 건 그대도 나도 아는 사실.
그렇다면 그대와 내가 할 수 있는 최선은
돌아가고 싶지 않은 오늘을 만들면 되는 거야.
사는 게 싫다고 인생 포기 말고,
살고 싶은 모습으로 인생 포맷하게나.

이렇게 말해주었다

사람들이 묻는다.
밤중에 혼자 운동하러 나가기 무섭지 않냐고.
어둠의 공포보다 목표가 주는 공포가
더 크다고 말해주었다.

사람들이 묻는다.
이른 새벽 일어나기 힘들지 않냐고.
잠을 깨는 힘듦보다 계획을 지키지 못한 순간이 더 힘들다고
말해주었다.

사람들이 묻는다.
운동하고 저녁에 배고프지 않냐고
허기진 배보다 원하는 몸매에 대한
목마름이 더 크다고 말해주었다.

사람들이 묻는다.
너무 열심히 사느라 힘들지 않냐고.
숨이 꽉 막혀 힘든 순간보다 포기하는
순간이 더 힘들다고 말해주었다.

애들아 미안해

애들아 미안해.
너희들의 세상은 엄마가 살았던 세상보다 더 맑고
더 건강한 자연 속에 살게 해야 하는데
엄마만 편하게, 시원하게, 따뜻하게 살아봐서 미안해.
깜깜한 빈틈보다 별들이 더 많았던 밤하늘의
빼곡한 별들을 모두 세어보겠다고 시도하던
엄마의 무모한 도전을,
너희들에게는 책으로만 별을 상상하게 해서 미안해.

늦은 반성이지만 너희를 위해
엄마는 쓰레기를 줍는 사람이 되었고
여름철 종일 땀으로 범벅이 되어도
하루 일과를 마치는 밤이 되어서야 하는
샤워의 시원함을 즐기게 되었고
겨울철 혹한에는 초등학교 때 마지막으로 입고
안 입었던 내복을 다시 입는 엄마가 되었단다
열대야에 잠든 너희들의 등줄기에 흐르는 땀을
부채질로 수건으로 닦아가며 더운 여름을
잘 견뎌주어 고맙구나.
엄마가 여름을 시원하게 지낼수록,
너희들의 여름을 더 덥게 만들 거라는 걸 알기에
엄마는 에어컨을 참아보지만 너희들은 무슨 죄니.

엄마의 어린 시절은 화이트 크리스마스가 참 많았는데
때 아닌 봄에도 폭설이
내리는 이상기후 속 흰 눈은 반갑지가 않구나!

부디 너희들이 사는 세상은 엄마의 세상보다
더 맑고 청아하기를
어른들을 대표해서 엄마가 사과할게
어른들만 아는 자연, 엄마만 그거 누려봐서 미안해
설거지 할 때마다, 세탁기 돌릴 때마다,
음식물 쓰레기 버릴 때마다, 분리수거 할 때마다
자동차를 탈 때마다 한 번씩 더 생각할게.
티없이 맑고 때묻지 않은 너희들에게
물려줘야 할 자연을 말이다.

해봐야 아는 것

지인 중에 한 분은, 밥 집에 가면 꼭 시키는 메뉴만
시키게 된다고 한다.
그게 정말 맛있어서가 아니라
때로는 다른 메뉴도 먹어보고 싶은 날이 있는데
혹시 시켰다가 맛 없을까 봐 못 시킨다고 한다.

목숨이 위태로운 도전도 아니고,
다른 메뉴도 시켜서 먹어봐야
그 맛을 알 수 있는 것 아닌가?
시켜서 먹어보니 맛이 없다.
제대로 한 끼 식사 망쳐버렸고 아까운 내 돈만 날린 셈인가?
다시는 그 메뉴를 시켜 먹지 않을 큰 경험도
함께 사지 않았는가?
또한 맛있을 확률도 50%인데 시도도 해보지 않고
포기되는 50% 가능성은?

실수나 결과에 대한 두려움으로
도전 자체를 하지 않는 것이 오히려 더 큰 실수이다.

무료로 정기검진을 해주는데 수면 내시경과 일반 내시경이
있다면 대부분 어떤 방법을 선택할까?
백발백중 누구나가 수면 내시경을 선택할 것이다.

몇 년 전 일부러 일반 내시경을 선택해 본 적이 있다
누군가는 쓸데없는 무모한 도전이라고 생각할지도 모른다
하지만 일반내시경이든 수면내시경이든 직접 경험을 해봐야
비교를 하든 뭐를 하든 할 수 있지
않겠나 싶어서 시도한 도전이었다.
분명 일반 내시경을 선택하는 사람들이 있기 때문에
아직 그 방법이 존재하는 것이며
수면내시경이 선호되는 이유가
일반 내시경과 어떤 차이 때문인지
대체 어느 정도의 불편함이길래 비선호 되는지
직접 경험으로 알고 싶어서였다.
결과는 상상했던 불안보다 훨씬 괜찮았다.
중요한 건 이제 누구에게라도 수면내시경과
일반내시경에 대한 차이와 느낌을
말할 수 있다는 것이다.
직접 경험해봤기 때문에 알 수 있는 것이고
말할 수 있는 것이다.

맛있는 감은 항상 나무 꼭대기에 달려있다.
성공도 마찬가지다.
손 닿는 곳에서 쉽게 얻을 수 있는 거라면
성공에 목말라할 이유도 간절히 열망할 이유도 없다

결국 안전지대, 즉 내가 편하고, 내가 잘 알고,
내가 잘 하는 것에만 머무르다 보면
나는 내년에도 10년 후에도 제자리일 수밖에 없다.

정말 가슴에 팍 꽂히는 아인슈타인의 명언이
필요한 시점이다.
"똑같은 방법을 반복하면서 다른 결과가 나오기를
기대하는 것은 정신병 초기증상이다"

항상 똑같은 일상을 살면서
'내일은 달라지겠지, 내년은 뭔가 달라지겠지'
라고 바란다면 그런 기적은 절대 일어나지 않는다
조금 불편하더라도, 조금 어렵더라도,
조금 두렵더라도 목숨이 위태로운 도전이 아니라면
과감하게 시도해보기를 바란다.

습관 선택

성공습관 하면 당장 떠오르는 것만도
수십 가지가 넘는다.
시간관리, 목표관리, 독서습관, 메모습관, 등등
성공하기 위해서 필요한 성공습관이 참 많다.
성공하고자 하는 사람들은 그 많은 성공습관들 중에서
과연 몇 개나 실천하고 있을까?

사람마다 성공에 대한 가치관이나 기준이
다르기 때문에 성공의 의미를 어디에 두느냐에 따라서
개인마다 중요하게 생각하는 성공습관도 다를 수밖에 없다.
하지만 분명한 것은 개개인마다
성공의 기준과 그 성공을 이루기 위해서
중요하다고 생각하는,
성공습관은 다를지라도 어떠한 성공습관이든
본인의 선택의 문제라는 것이다.
즉 성공의 기준을 본인이 정하듯,
성공하고 안 하고는 본인이 선택한
습관에 의해서 결정된다는 것이다.
바로 습관 선택이 중요하다는 의미이다.
여기에서 습관선택이란 정리습관, 독서습관,
저축습관 등등 많은 성공습관에서 선택하라는 의미의
습관선택이 아니라 과거부터 쭉 해왔던

고쳐지지 않는 평소 습관과 내가 진짜 성공을
하기 위해 계획한 습관 중에서의 선택을 의미한다.

이해하기 쉽게 간단한 예를 하나 들어보자.
성공하려면 '책을 많이 읽어야 할 것 같다' 라는
기준을 가진 사람이 있다.
하지만 책을 읽고 싶은데 도저히 책 읽을 시간을
낼 수가 없다.
그래서 새벽에 일어나서 단 몇 장이라도
읽어보자 라는 습관을 계획했다.
새벽 알람 소리에 깼을 때,
습관이라는 선택의 기로에 서게 된다.
평상시대로 더 잘 것이냐, 아니면 책을 읽을 것이냐.
즉 원래 습관을 선택할 것이냐,
아니면 자신이 계획한 습관을 선택할 것이냐의
문제에 놓인다는 것이다.
여기에서 본인이 선택한
습관에 의해 성공이라는 결과는 달라진다.

두 번째 사례로
'건강하고 행복하게 사는 게 성공이다' 라고
생각하는 사람이 건강한 체력을 기르기 위해

퇴근 후 운동하겠다라는 습관을 계획했다.
그런데 퇴근시간이 되면 집에 가서 푹 쉬고 싶어지거나
동료들과의 술자리가 생기게 된다.
이때 그냥 집에 가서 쉴 것이냐?
시원한 맥주의 유혹을 따를 것이냐?
아니면 내가 계획한 운동습관을 선택해서
2시간 내내 땀 뻘뻘 흘리고 운동을 할 것이냐?
즉, '내가 계획한 습관을 선택할 것이냐,
아니면 늘 해오던 평소 습관을 선택할 것이냐' 라는
선택의 기로에서 내가 자주 선택하게 되는
습관이 바로 나의 성공을 좌우한다는 것이다.
선택하기 편한 습관은 결코 변화라는 결과를 낳지 못한다.
선택하기 어려운 습관이라도 자꾸
선택하다 보면 어느 순간 적응되기 시작하고
적응은 곧 변화로 변화는 성공이라는 결과를
가능하게 한다.

바로 지금 당신이 선택하는 습관이
성공을 결정한다는 사실이다.

좋은 인맥 구별법

인맥 중에는 내게 도움이 되는 인맥이 있고
그냥 아는 관계이기만 하는 인맥도 있으며
전혀 도움이 안 되는 인맥도 있다.
내게 필요한 좋은 인맥은 다음과 같이 구분해보자.

첫째, 내게 좋은 말만 해주는 사람
이 경우는 성격이 워낙 착해서 만인들에게
긍정적 표현을 해주는 사람일 수도 있지만
대부분은 내게 관심이 적거나,
나와 깊이 있게 친해지기 전이거나,
알게 된 지 얼마 되지 않아서
나를 잘 모르는 관계일 수 있다.
평소 관심이 적은 사람이나,
알게 된 지 얼마 안 된 사람에게는
대부분의 사람들이 굳이 사실을
얘기해서 서로 기분 언짢게 하고 싶지 않기 때문에
이른바 영혼없는 대답과 호응으로 그냥
좋게 좋게만 표현해 주기 쉽다.
또한 후한이 두려워서 진실을 감추고
가식으로 대하는 경우도 있을 수 있다.

둘째, 내게 지적만 해주는 사람

이 경우는 내가 정말 잘되길 바라는 진심이 담긴
지적이라면 모르지만 인신공격이나 감정이
실려있다면 그것도 매번이라면 그건
내게 부정적 감정을 갖고 있거나
내게 열등감이나 반감을
가지고 있는 사람일 수 있다.
지적은 내가 그 상대방에게 조언을 구했을 때
해주는 게 예의이지, 아무 때나 내 의도나 요구도
하지 않는 순간에 하는 지적은 월권행위이다.
좋은 의도의 지적과 나쁜 의도의 지적을
구별할 수 있어야 하겠다.

좋은 지적은 받는 순간 면전에서는
순간 감정이 상해도 시간이 지나면 스스로 자각하면서
반성하게 만들며 그 지적이 옳았음을 인정하게 되는 게
나에게 필요한 좋은 지적이 되는 것이고
나쁜 지적은 시간이 지나도 두고두고 억울하고,
기분이 상하고 자꾸 '왜? 왜 나한테? 내가 뭘 잘못했는데?'
라는 의문점이 사라지지 않는다면
그건 내게 필요한 지적이 아닌 경우이다.
시간이 지나도 나의 감정과 기분을 심하게
상하게 하는 지적은 내게 필요한 지혜가 아니라

나를 자학시키는 독이 되는 것이다.
물론 자기반성이 부족한 사람이라면
조금 다른 내용이 되겠지만
아무튼 오래 가슴에 뒤끝이 남고
뭔가 속셈이 느껴지는 지적은
나에 대한 반감을 가진 사람이 아닐까?
한 번쯤 생각해봐야 한다.

내게 좋은 인연이자 인맥은
그 사람에게 진짜 필요하다라고 느끼면
칭찬이 됐든 지적이 됐든 긍정이 됐든 부정이 됐든
진실하게 표현해주는 사람이다.
내게 좋은 말한 한다고 해서 내게 좋은 사람인 건 아니다.
내게 나쁜 말한 한다고 해서 내게 나쁘기만
한 사람도 아니다.

상대방의 진실을 구별할 줄 아는 능력이
좋은 인맥을 발견하고 유지해 나갈 수 있다는 점을
기억하기를 바란다.

· 상명대 일반대학원 피아노전공
· 음악치료사
  – 부천 프라임 음악학원 원장
· Piano Adventure 교사
  – 장천아트홀, 상명아트센터 등 다수연주
· http://blog.naver.com/shuzu_

그 남자 그 여자

그 남자…
자식들이 자라고 성인이 될 때까지 휴일이 없었던
남자가 있습니다.
가족들의 방황이 화가 나 머리를 삭발했던
남자가 있습니다.
손을 다쳐 잠시 쉬어야 할 때 그렇게도 자신을 원망했던
남자가 있습니다.
멋진 선그라스 하나만으로도 즐겁게 등산을 하는
남자가 있습니다.
요리 중에 특히나 한방 오리백숙을 좋아하는
남자가 있습니다.
노래방에 가면 박자를 못 맞추는
남자가 있습니다.
고스톱 칠 때 가족끼리니까 "go!" 라고 말하는
남자가 있습니다.
금연을 하며 50일, 100일, 1년 됐다며 좋아하는
남자가 있습니다.
순대국을 먹으러 가면 최고 맛있게 간을 맞춰주는
남자가 있습니다.
스필반(예전 후뢰시맨같은)의 대사 "나의 분노!"를
외치면 누군가 폭발직전이라고 말해주길 바라는

남자가 있습니다.
거꾸로 말하기를 좋아하는
남자가 있습니다.
거실에서 TV보다가 잠드는 걸 좋아하는
남자가 있습니다.
자식에게 "자네~"라고 말하는
남자가 있습니다.
아직도 남들보다 30분은 일찍 출근하는
남자가 있습니다.

무뚝뚝하지만 너무나 순진한 남자
바로 저희 아버지랍니다.

그 여자…
가슴 아픈 일로도 자식에게 쓴소리하지 못하고
못 마시는 술을 마시고 쓰러지는
여자가 있습니다.
작은 선물만으로도 사랑한다 말하는
여자가 있습니다.
기르는 다육식물과 바꾸어 자식이 필요한 걸 마련해주는
여자가 있습니다.

조금만 서운해도 눈물이 뚝뚝 흐르는
여자가 있습니다.
토미(강아지)가 엄마 떠나는 걸 슬퍼한다며 외출할 때
달래주고 나가는
여자가 있습니다.
가족들에게 직접한 요리를 먹일 때
여러 번 "맛있지?"라고 묻는
여자가 있습니다.
느끼한 거 못 먹지만 까르보나라를 너무나 좋아하는
여자가 있습니다.
Bag을 사고도 사치인가 싶어 다시 환불하는
여자가 있습니다.
전유나의 '너를 사랑하고도'가 18번인
여자가 있습니다.
God의 박준형이 좋아 집에 브로마이드를 걸었던
여자가 있습니다.
항상 가족을 위해 고기를 구워주고는 몇 점 먹지 않는
여자가 있습니다.
다육 식물세계에서 콩콩이짱으로 유명한
여자가 있습니다.
키작은 남자, 마른 남자를 싫어하는

여자가 있습니다.
속상하면 방에서 잠만 자는
여자가 있습니다.
자식에게 친구같이 그렇게 눈높이를 맞춰주는
여자가 있습니다.

너무나 강해 보이지만 한없이 여린 여자
바로 저희 어머니랍니다.

용서에 관한 짧은 론도…

용서해준다는 것은
당신의 잘못을 감싸준다는 게 아닙니다.
스스로 깨달아주기를 바라는 것이예요.

용서해준다는 것은
마음의 상처가 다나은 게 아니랍니다.
나의 마음의 병을 치유해주길 바라는 것이예요.

용서해준다는 것은
새롭게 시작하자는 의미가 아닙니다.
조금씩 변화하길 바라는 거예요.

용서해준다는 것은
믿음의 양이 적어지는 게 아니라
믿음의 농도가 옅어지는 거예요.

용서해준다는 것은
내 마음에 생긴 많은 돌들이
내일은 예쁜꽃을 피우기를 바라는 거예요.

용서해준다는 것은

마음의 문을 연 것이 아닙니다.
마음에 하나의 창을 더 낸 것이에요.

용서해준다는 것은
세상에 죄보다 강한 사랑이 현존한다는 증거입니다.

나는 기다립니다

나는 기다립니다.
새하얀 겨울이 지나고 파릇한 봄이 오기를…

나는 기다립니다.
당신의 눈에 이슬이 사라지고 미소를 짓기를…

나는 기다립니다.
부치지 못한 편지가 있지만 답장이 오기를…

나는 기다립니다.
고양이가 내 마음의 실타래를 다 풀기를…

나는 기다립니다.
당신의 담배 냄새가 불가리향으로 바뀌기를…

나는 기다립니다.
충분한 휴식으로 당신의 눈 아래가 밝아지기를…

나는 기다립니다.
당신 마음속에 나의 방만 존재하기를…

나는 기다립니다.
당신의 눈동자에 내 얼굴이 비춰지기를…

나는 기다립니다.
남이라는 글자에 '-' 가 빠지기를…

나는 기다립니다.
영원히라는 말이 무색해지지 말기를…

편린

너무나 많은 편린들을 마음에 두고 살아가는 나…
마음의 유리 속에 갇혀버린 편린들이 깨져
날카롭게 가슴안에 파고든다.
그 깨진 유리조각들을 다버린 줄 알았음에도
가슴속에 깊숙히 박혀버린 그 한 조각은 뺄 수조차 없다.
시간이 지나면 상처는 아물고 가라앉겠지만
그 흔적은 사라지지 않기에…

오늘도 나는 내 마음에 그 흔적을 품는다.

당신을 행복하게 만들어주는 10가지 마법

1. 예쁜 다이어리 장만하기
꿈을 날짜와 함께 적어 놓으면 목표가 되고
목표를 잘게 나누면 계획이 된다.
매일매일 꿈을 적으며 이루어 나가자

2. 중고서점과 친해지기
깨끗한 책을 50~70% 가격으로 구입할 수 있다.
새책 2권 살 돈으로 새 책 같은 책을 7권이나 살 수 있어서
부담도 없고 좋은 책을 득템할 수 있는 기쁨이 있다.

3. 타샤투더할머니 시리즈 책 읽기
읽다보면 동화속 환상적인 느낌에다 빈티지한 느낌까지
전해지면서 마음이 따뜻해진다.

4. 카드결제 후 서명란에 하트(♡)를 그려보기
소소하지만 점원도 나도 기분이 좋아진다.
그리고 다음 방문 때도 ♡를 그려보자.
점원은 나를 기억해줄 것이다.

5. 아침에 공복에 따뜻한 얼그레이 차 한 잔 마시기
마트에도 5천 원 이하 가격으로 20개의 티백을

구입할 수 있다.
그레이 백작이 즐겨마시던 홍차로 이름이
얼그레이로 불리우는데 감기, 치매예방에도 좋고
체지방분해에도 효과가 있다.
향도 좋고 은은하며 기분이 좋아질 것이다.
아침에 물 한 잔은 보약!

6. 슬픈 영화보고 펑펑 울기
권상우, 이보영 주연의 '슬픔보다 슬픈 이야기' 라는
영화를 보면 둘사이에 알콩달콩한 모습이
기분이 좋아지다가 슬픈스토리에
눈물을 한껏 쏟아내게 된다.
엉엉 우는 것이 스트레스 해소에도 좋고
엔돌핀도 나온다고 한다.

7. 가족을 위해 요리하기
매주 일요일, 아니면 2, 4째주 일요일을
가족을 위해 투자하자.
아주 간단한 간식부터 시작해도 좋다.
차 한 잔을 우려서 대접하는 걸로 시작해도 무방하다.
소중한 사람을 위해 무엇을 준비한다는 것은

너무 뿌듯하고 행복해지는 일이다.

8. 취침 전 그린슬라브스 듣기
스코틀랜드 민요로서 요새는 재즈풍으로
편곡한 곡도 많아서 듣기 편하고
누워서 자기 전에 들으면 왠지 옛추억도 생각나고
감성적인 기분이 들 것이다.

9. 문화센터에서 날 위해 무언가 배우기
백화점이나 대형마트 안에 문화센터에
개설되는 강좌들을 보면 종류도 많고 부담이 없다.
시간을 쪼개서 매년 무언가 배워보자.
좋은 취미와 좋은 인맥 두 마리의 토끼를 잡을 수 있다.

10. 나폴레옹 수면법 도전해보기
4시간만 자도 개운하게 잘 수 있다는 나폴레옹 수면법의
2주 플랜을 도전해 보자.
수면 시간을 리셋! 성공하고 나면 뿌듯하기도 하고
수면시간이 줄어 나의 삶이 좀더 여유로워지고
알뜰히 쓸 수 있다.
신세계가 올 것이다.

다독다독(多讀多讀)

항상 연말이 되면 올해를 잘 마무리했는지에 대한
확인, 반성과 함께 내년을 시작할 준비를 하며
이루고자 하는 목표를 다이어리에 적는다.

매년 필수로 들어가는 항목 중 하나는
바로 '1년에 책 100권 읽기'
많게만 느껴지는 100이라는 숫자!
100을 12달로 나누면 1달에 8~9권,
1달을 4주로 나누면 1주일에 최소 2~3권을 읽어야 한다.
많게 느껴지는가?
적게 느껴지는가?
막상 하면 할 수도 있을 것 같다는 생각이 들지 않는가?
결론적으로 당신도 할 수 있다.

그럼 내가 어떻게 이런 습관을 쉽게 가질 수 있었는지
이야기를 해보겠다.
나도 책을 좋아하는 사람이지만 그렇게 많이 읽는 사람은
아니었다.
책을 꾸준히 읽고 독서토론까지 하고 있는
지금의 나를 만들어 준 건 우리 음악학원의
'장하은' 이라는 아이의 영향이 크다.

수요특강을 마치고 다른 아이들 다 귀가한 시간에
하은이랑 둘만의 시간을 보내다 집에 데려다 주러
나왔는데 도서관에 들렀다가 가야 한다는
하은이의 말에 함께 도서관으로 들어갔다.

복지회관 안에 있는 이 작은 도서관은
'도란도란 도서관' 이란 예쁜 이름을 가지고 있었다.
문을 열고 들어가서 난 신선한 충격을 받았다.
아이들이 편히 읽을 수 있도록 펼쳐 놓은
알록달록한 매트 위에 어린 아이들,
학생들이 엎드려 책을 보고 있는 게 아닌가?
이 모습이 어찌나 예뻐 보이는지
아이들이 하나같이 천사같았다.
그날로 바로 등록 후에 빌려간 3권의 책!
그 이후로 평소보다 일찍 끝나는 수요일마다
도서관을 방문해서 3권씩 책을 빌려가게 되었다.

수요일마다 나타나는 프라임선생님을 보러
다른 학원아이들도 많이 왔고 나에게 인사도 건넸다.
다른 학원 원장선생님들 귀에까지 들어갈 정도였다.
그렇게 도란도란 도서관을 알게 되고

사서 '윤정애' 선생님의 추천으로 시작하게 된
독서토론모임.
현재까지도 너무나 큰 가르침을 주고 있는 모임이다.

10명 남짓의 선생님들이 모여 이루어진 뜻깊은 모임.
책 1권을 10명의 사람들과 토론을 하면
그 책을 10번 읽은 효과가 있다고 한다 .
난 정말 몸소 느낀 사람이다.
평소 쉽게 읽을 수 있고 내가 즐거운 책만을 읽던 내가
토론을 통해 어려운 책도 읽는 습관이 생기고.
미처 책을 완전히 이해하지 못하고 토론에 참여했다고
하더라도 선생님들의 의견을 들으며 이해하고 곱씹고
또 다시 생각할 수 있는 시간이 되었다.

아직도 마음이 힘들고 지칠 때
그리고 삶이 나태해지고 축쳐져 있다고 느낄 때
내 삶을 바로 잡을 수 있는 것은 책밖에 없다고 생각한다.
그래서 정말 힘들 때는 10권 넘게 자기계발서나 에세이를
쌓아놓고 책만 읽은 적도 있었다.
"혜령아 넌 어쩜 그렇게 책을 많이 읽어
난 책 읽을 시간 없는데 넌 시간 많아서 좋겠다."

라는 질문을 많이 받는다.
답은?
시간은 없다.
하지만 책 읽는 시간은 만들어서라도 읽는다.
시간이 없어서 못한다는 것은 가장 나를 쉽게
속일 수 있는 핑계이다.
취침시간, 무분별한 모임 시간을 조금만 줄여본다면
일주일에 2권이 아니라 4, 5권의 책도 읽을 수 있다.
대중교통을 이용하는 시간을 이용해도 좋다.
차가 없을 때는 학교가는 왕복시간(3시간)동안
책 1권씩 읽은 적도 많았다.

일주일에 단 1~2시간의 짜투리시간을 내서라도
책을 읽는 습관을 들인다면 분명 당신의 삶의 명도는
1단계 1단계씩 점점 밝아질 것이라 믿는다.

적어라, 써라, 너의 꿈을

매년 연말이 되면 화려한 네온사인과
들뜬 사람들 사이에서 나는 나 혼자만의
단 하루의 시간이라도 가지려 노력한다.

이 소중한 하루의 시간 동안 무얼 하느냐.
새로 산 다이어리와 올해에 썼던 다이어리 두 권을
앞에 펼쳐놓고 나와 내 마음과 대화한다.
혹은 다투기도.
하고 싶었던 것은 이룬 것이 있는지
미흡했던 부분은 어떤 게 있는지 체크한다.
그리고 하는 일!
바로 내년에 내가 하고 싶은 것을 적는다.
사소한 것이라도 좋다.
누구 보여주려고 적는 게 아니니까.
대신 여기서 중요한 건 나 스스로에게
의미가 있는 일인지 아닌지이다.

나도 이런 습관이 생긴 건 불과 5년도 안 된다.
많이 소중했던 어떤 사람과 결별 후에
잃어버린 나 자신을 되찾고 싶었다.
그래서 시작했던 것이 매년마다 하는

나만의 소중한 의식이 되었다.

처음의 시작은 그렇게 거창한 게 아니였다.
피아노 레슨생 00명 만들기.
리본아트 배우기.
바이올린 다시 배우기.
이외수 작가 책 섭렵하기 등등…
그리고 그 후년에는 대학원 진학하기.
음악치료 자격 취득하기.
요가 배우기 등등…
그렇게 매년 새해를 준비해서 기록을 해왔더니
취미든 전문적으로던 내가 할 수 있는 게 많아졌다.
스펙을 쌓기 위함이 아니었다.
단지 내가 내 삶을 하루하루 즐기고 열심히 살 수 있는
원동력이 필요했던 것이었다.

어느 날에는 내가 계획했던 하루 동안 하지 못한 게
많으면 왠지 하루를 부족하게 살았다는 생각을 하게 되고,
아무 메모없이 텅 비어 있는 날이 있으면 나태함을
한 눈에 실감하게 된다.
그런 날의 허망함은 말로 표현할 수가 없다.

그렇게 흘려버린 하루가 아깝지만 그 하루 정도는
인생의 쉼표라고 생각하고 다시 내일을 준비한다.
그렇게 하루하루를 살다 보니 어느새 내년이 아닌
5년, 10년 후도 생각을 하게 되고 그렇게
단기계획, 장기계획을 기록하게 되는 재미를
만끽하게 되었다.
그리고 실천해야 한다.
실천하지 못했을 땐 반성까지 여러모로
내 삶을 되새김질하게 되고 바로 잡을 수 있었다.

'꿈을 날짜와 함께 적으면 그것이 목표가 되고
목표를 잘게 나누면 그것은 계획이 되며
계획을 실행에 옮기면 꿈은 현실이 되는 것이다.'
이 말에 너무 공감한다.

그리고 난 이 효과를 몸소 체험한 사람이다.
그래서 내 주위 소중한 사람들에게 전파하려고 노력한다.
해도 안 되는 것은 없으며 우리의 인생은 무궁무진하다.

지금 당장 펜을 들고 꿈을 적어보자.
그리고 가슴에 새기고 하나하나 이루어나간다면

시간이 지난 후에 다시 읽어보았을 때 과거에 적었던
그 기록들이 마치 일기와 같은,
또는 내 인생을 예견한 듯한 신비한 기분이 들 것이다.

슬픔에 허우적대는 당신에게
(너에게 힘을 보낼게 반짝)

낮과 밤이 왜 생겼을까?

남편을 잃어서 슬픔이 가득한 여자가 있었다.
너무 괴로워하고 실의에 빠져있는 그 여자를 보고는
신들이 가엾게 여기어 밤을 만들었다.
밤 덕분에 인간은 아픔과 슬픔을 이기고
아침을 맞이하는 것과 같은 희망을 꿈꾸게 되었다.

사람은 살면서 사랑하는 사람과의 이별.
학업 또는 사업의 실패.
지인의 배신, 금전적인 문제 등등
많은 아픔과 갈등을 경험하게 된다.
우리는 인간이기 때문에 그 슬픔을 극복하지 못해
밑바닥까지 갈 수도 있고 방황할 수도 있다.
하지만 내일의 밝은 태양이 날 좋은 곳으로
향할 수 있도록 도와줄 것이라는 희망을 가지고
그 아픔을 좀 더 직시하며 받아들이고
즐기며 극복해내는 게 좋지 않을까?
깊은 밤이 오면 너무 어두워서 아무것도 보이지 않지만
해가 뜨면 언제 그랬냐는 듯 너무나 맑고 밝다.
지금 슬프고 아프겠지만 내 호흡을 느끼고 살아있음을

감사히 여기며 안정을 취하고
앞으로는 반복하지 않으면 된다.
그리고 당당하게 미래를 개척하자.
나 또한 정말 아프고 힘들었을 때가 있었다.
젖은 솜처럼 마음이 눈물로 젖어버려서
쨍쨍한 볕에 말려도 마르지 않을 정도로 아팠으니까.
돌이켜보면 그렇게 끔찍했던 불행들이 나를 분발시키고
바른 자세로 일으켜 준 것이라 생각된다.
슬픔에 허우적대는 당신에게 힘을 보내요. 반짝☆

*삶이란 우리의 인생 앞에 어떤 일이 생기느냐에 따라 결정되는 것이 아니라 우리가 어떤 태도를 취하느냐에 따라 결정되는 것이다.

-존 호머 밀스

11월 25일

아름다운 그대 모습 바라보면
내 입가엔 한가득 미소가 번져가고

아름다운 그대 마음 바라보면
내 마음엔 따스함이 가득차네

차디찬 이 겨울, 함께여서 따뜻했던
우리만의 음식들, 함께여서 맛있었던

아름다운 그대 모습 바라보면
천사같은 모습에 마음이 포근해지고

아름다운 그대 마음 바라보면
차갑게 얼었던 내 마음에 봄이 오네

비가 와서 울적해도, 함께여서 힘이 되었던
1분 1초의 지나가는 시간도, 함께여서 소중했던

그대와 함께하는 첫겨울…
이런 우리의 소중한 추억들이
평생 나와 그대의 안주가 되었으면…

· 전) 변호사 박재봉
법률사무소 근무

· 현) 웅진씽크빅 웅진다책
수석교사

아침을 여는 풍경

이곳의 아침은…
지금 이곳은 새벽이 빨리 온다.

아픔을 겪는 이들은 아픔을 잊기 위해서
빨리 잠들기 때문인가, 역시 잠도 빨리 깬다.
오늘 하루도 눈뜸을 감사하며…
보통 사람들이 매일 아무렇지도 않게 맞는
아침기상 지금 이 시간에도 이들은 매일
죽음과 같이 하며 두려워하며 눈을 뜬다.

몸의 회복을 위해 틈나는 대로 움직이고, 운동하며
늘 먹는 것을 조절하고, 체중을 조절하고
약물을 조절하며 조용히 절제된 생활을…

건강한 사람은 이 순간조차 상상하지 못할 것들이
이곳에선 늘 벌어진다.
어제도 가족들의 오열 속에 어떤 이가 그냥 그렇게
떠나가더라.
이들은 그런다.
제발 머리카락만이라도 빠지지말아 달라고…
다 견딜 수 있는데 빠지는 머리카락은 견딜 수가 없다고,
이 얼마나 소박한 희망사항인가…

목숨을 더 연장해 달라가 아니라 머리카락이라니…
지금 가진 자는 모른다.
옆에 누군가와 열렬히 사랑하고 있는가?
아니면 옆에 있는 사람으로 인해 삶이 힘든가?

이 사회 한부분으로 잘 나가는 소위 엘리트인가?
너무나도 배운 게 많고 박식하여 대중에게 인기를
얻고 있는가?
부를 이루어 멋진 생활을 하고 있는가?
가정이 화목하고 행복한가?
날씬한 몸을 유지하며 건강에 자신하는가?

그런데
그런 것들이 다 덧 없을 때가 있을 것이다.
그런 것들이 한 순간에 재가 되고 나와는 상관없을 때가
오지 않겠는가?

나름 다 중요하겠지만,
하지만 본인이 이 세상에 없다면 그것으로 끝이지 않겠는가?
지금 가진 건강, 건강할 때 지킬 수 있도록함이…

아들의 일기 1

2013년 10월 25일 금요일

제목: 엄마가 수술을 하다.

엄마가 수술을 했다.
마음이 너무 속상했다.
눈물이 툭툭툭 흘려내렸다.
흑흑흑 힝힝힝
그런데 엄마가 아프자
가족이 다 모였다.
엄마가 걱정되나 보다.
엄마가 빨리 낫고
건강해졌으면 좋겠다.
엄마 빨리 나아.

아~
아들아… 아들아…
엄마가 수술실에 들어간 사이
엄마가 없는 동안 이렇게 일기를 적어 놨네요.
9살 먹은 아들이 마냥 장난만 칠 줄 아는 아이인 줄
알았는데… 엄마에 대한 걱정을 이렇게 표현하다니…
사실 저 수술실을 들어갈 땐

얼마나 가슴떨렸는지 모릅니다.
암일지도 모른다. 일단 부위 때문에 수술 들어가서 보고 이야기하자는 의사 말에 그저 속으로만 울고…
내색하지 않았는데 수술 후 나와서 이 일기를 보는데 어찌나 눈물이 나오는지요.
엄마의 그 잠시의 부재를 이렇게 표현하다니…
아들의 엄마를 향한 사랑을 알 수 있게 하네요.
이 아이가 나중에 어찌 자랄지는 모릅니다.
하지만 지금은 엄마랑 소통을 잘 하고 잘 자라고 있는 것처럼 보이네요.
아들아
엄마는 이 세상에서 가장 널 많이 사랑한단다.

아들의 일기 2

2013년 6월 28일 금요일
제목: 드라마 여왕의 교실

전부터 드라마 여왕의 교실을 보았다.
그런데 교실의 담임이 마녀였다.
사람으로 변신해서 학교에서 선생님이 되었다.
하는 짓부터 마녀같았다.
그리고 마녀가 부모님들을 다 자기팀으로 만들었다.
어떻게 그렇게 팀으로 만들다니 대단하구만…
그리고 아이들도 자기팀으로도 만들었다.
신기했다.

아들의 일기 3

2013년 10월 20일 일요일
제목: 엄마의 잔소리

시험기간이라서 엄마의 잔소리가 많다.
그래서 듣기가 싫다.
그리고 공부도 나한테 잔소리를 하는 것 같다.
엄마랑 공부가 잔소리를 하니깐 더 잔소리다.
공부도 귀찮고 엄마의 잔소리도 귀찮다.
너무 시끄러워서 공부를 할라 해도 할 수가 없다.
잔소리를 안 들었으면 좋겠다.

엄마의 고백
아들아 진정코 네가 이리 생각하였느냐?
어제 저녁에 일기를 적는다고 하더니…
'엄마 이야기 했다' 라고 자랑스레 이야기해서
난 또 딴걸 내심 바랐건만…
학교 선생님은 물론이고 이제 만천하에 다 공개되었구나.
이 엄마가 무지막지한 잔소리? 어여쁜 여왕이라 하지 않고?
네가 학교에서 돌아오면 S보드다, 인라인이다 등등
친구들이랑 논다고 정신이 없었고,
집에 느지막이 올라와서는 또 간식 먹느라 느릿느릿,
넌 또 만화책을 보고, 학습지 한 장이라도 할라치면

그때부터 어찌나 책을 잘 보는지…
그러하니 이 엄마가 너에게 어찌 할 말을 안 하겠느냐?
그것을 잔소리라 여기는구나.
해야 할 것을 해놓고 마음껏 놀면 될 것을…
넌 어떤 것을 먼저 하던지 네가 하고 싶은거 먼저 하고
결국 다하면 되지 않느냐고 반박하지만,
나중에 보면 결국 한 가지는 못하고 자고 마는…
너의 그 습관 때문에 엄마가 너에게
잔소리를 하게 되는구나.
이것만 좀 고쳐주면 넌 정말 근사한 친구가 될 텐데…
일기에 이렇게 적어 놓으면 엄마는 완전히
'여왕의 교실' 에서 마선생같다는 너의 말처럼
그리 보이지 않겠느냐?
너가 이렇게 생각하고 있을 줄은 몰랐다.
아들아! 이제 엄마도 엄마의 잔소리를 줄어야겠다.

훌륭한 멘토가 되어라

'멘토'는 그리스신화의 오디세우스가 트로이 전쟁에 나가면서 텔레마코스를 친구에게 맡긴 일에서 비롯된 말이라고 합니다.

현명한 오디세우스의 친구는 아버지의 자리를 완벽하게 메우며 텔레마코스를 훌륭한 젊은이로 키워냈습니다. 그 친구의 이름이 바로 '멘토'입니다.

친아버지처럼 늘 보살피며 격려하고 이끌어주며 때로는 친구처럼, 때로는 엄격한 스승처럼 흔들리지 않고 앞을 향해 나아갈 수 있도록 하는 '멘토'의 역할을 충실히 하였겠지요.

이런한 뜻을 가진 '멘토'이기에 어떠한 것에 있어서
'나의 멘토를 세운다.'
'나의 멘토다.'
'나의 멘토로 삼고 싶다.'
함은 나보다 훨씬 잘 하는, 또는 그 분야의 전문가, 모든 부분에 있어 본받을만한 사람이라 생각하고 나의 롤모델로 생각하며 그 멘토의 행동이나 생각을 그대로 따라 하려는 경향이 있습니다.

당신은 지금 선배입니까?
당신은 지금 리더입니까?
부디 쓸모없는 선배, 리더가 되어서는 안되겠지요.

지금 조직에 있어 현재 당신은 어떠한 위치에 있는가요?
어떤 식으로나 현재 조직에서 선배로서 위치에 있다면
나는 조직에 열정을 나누어줄 수 있는가?
나는 누군가의 멘토로서 역할을 충분히 하고 있는가?
나는 자신의 책임을 다른 사람 또는 조직에 떠맡기지 않는가?
나 때문에 유능하고 뛰어난 인재가 조직에서
떠날 가능성이 있는가?

전체적으로 조직으로 보면 선배는 일을 하는 동시에
리더로서 후배라는 인재를 경영하는 것입니다.
이것은 조직 사회나 어느 단체에서만을 이야기하는 것이
아니라, 한 사람의 인생을 책임지는 인생선배도
마찬가지라 생각합니다.

훌륭한 멘토란,
나보다 더 나은 사람일지라도 그 사람을 이끌어
나갈 수 있는 모든 것이 준비되어 있는 자라 할 것입니다.

오늘도 어떠한 말 한마디, 눈빛으로 그들을 격려하고 이끄실 건가요?

당신의 진심어린 한마디를 해주십시오.
'넌 할 수 있어' 라고…

예비 시인 차현준의 시 모음

제목: 왝 더움

아주 덥네
햇빛이 쨍쨍
너무 덥네
기운이 빠지네

너무 덥네
탈것 같네
너무 더운 날씨
에고 더워!

제목: 안동에서 양궁

슈욱 슈욱 양궁
휙휙 양궁
팍팍팍 양궁

팍팍팍 과녁
뾰족뾰족 화살
쉬익 화살
재미 있네

제목: 귀뚤 매뚤 귀뚜라미, 메뚜기

귀뚤 귀뚤 귀뚜라미
매뚤 매뚤 메뚜기
메뚜기, 귀뚜라미 시끄럽네

귀뚤 매뚤 귀뚜라미
매뚤 귀뚤 메뚜기
정말 시끄럽네

제목: 딱지치기

딱딱딱 딱지치기
탱탱탱 계속 빗나가네
짜증났네

딱지 많이 잃어
버려서 속상하네
빗나갈 때 아쉬웠네

대왕딱지 넘어갈 때
지구가 넘어
가는 것 같았네

제목: 물총놀이

평평 물총놀이
슈욱슈욱 물 피하네
지익지익 물 뿌리네

질퍽질퍽 옷젖었네
다다닥 달리네
추욱 추욱 재미있는
물총놀이

제목: 수퍼맨 놀이

슝슝 수퍼맨 놀이
혼자하는 수퍼맨 놀이
몸을 날려 투명
사람 구하기!
재미있는 수퍼맨 놀이

다른 히어로와 악당
싸우기 등 재미있는
트랙과 히어로

정말 재미있는
수퍼맨 놀이

* 제목: 마트 둘러보기*

엄마와 내가 행사가 있어
마트에 갔네.
엄마랑 마트에 갔다네
버스타고 붕붕
길음을 총총
드디어 다 왔다
난 할 게 없어서
마트를 구경했네
여기 저기 장난감
이쪽 저쪽 운동기구
저기 저기 자전거, 보드
또 오고 싶다
마트에 또 오고 싶다.

제목: 다시 부산으로 GO~

서울에서 한밤을 잤다
부산으로 돌아오는 길~
랄 랄 랄~~ 덜컹 덜컹~
KTX 타고 랄 랄 랄~~
초고속으로 붕붕 덜컹~
부산으로 돌아옵니다.
덜컹 덜컹 랄라.
붕붕 덜 얼 컹~~~~~~

· LG전자 홈쇼핑 방송팀장
· 이미지컨설턴트
· 컬러심리상담전문가

김경미

노량진수산시장의 추억

입구부터 마음에 들지 않는다.
왠 까칠(?)하겠지만, 입구부터 전해오는 그 비릿한 냄새…
누군가는 바닷가 냄새라고 평하지만,
솔직히 내게는 견디기 힘든 향(?)이다.

전철을 타고 가면 영화 살인의 추억에서 나올 것 같은 계단을 통과해야 한다.
거기는 깔끔하면 절대 안되는 컨셉을 유지하고 있는것 같다는 생각이 들게 한다.
그래야 추억을 더듬을 수 있다는 듯이 늘 음침하고 조금은 지저분하다.
물론 많이 깔끔해진 거라고 하던데 내게는 아직도 거북스럽다.

몇 번 빼글빼글 계단을 올라갔다 내려갔다 하면, 척척한 1층 바닥이 나온다.
해산물을 다루는 곳이라 당연히 물이 있겠지만, 구두와 바지가 버릴까 봐서 늘 종종걸음을 하게 된다.
그 모습 생각만 해도 우습다.
일단 생선을 골라야하고, 그것을 손질해서 먹을 수 있는 식당을 찾아야 한다.
그냥 가만히 앉아서가 아니고 먹을 것, 그리고 먹을 곳을 정해야 한다.
절대 깨끗할 것 같지 않은 식당들은 언제나 바글바글,
비싼 레스토랑에서 잡티 하나도 찾아내서 종업원을 호통치던 어르신도 그냥 아무렇지 않게 그곳에 적응한다.

식당에 들어가면 어설픈 자세로 바닥에, 적어도 수년을 세탁하지 않았을 것 같은 방석에 앉아야 한다.
그나마 그냥 바닥보다는 거기가 더 깨끗할까?
모두 경쟁처럼 방석을 찾아 앉는다.

메인요리가 아닌 오이, 당근, 풋고추, 상추들이 된장과 함께 먼저 나와 자리를 잡는다.
예쁘게 손질된 요리가 나오기 전까지 소주와 함께할 안주들.
왠지 이곳은 맥주와 어울리지 않는다는 듯 소주를 시키게 된다.
자, 이제부터는 상황이 좀 달라진다.
그렇게 까칠대면서 왜 이렇게 불친절하고, 지저분하냐던 나는 소주 한잔의 들이킴과 함께, 그곳의 회쳐진 생선처럼, 노량진 수산시장을 즐기고 있다.
천년만년 닫혀 있을 것 같은 마음을 열고, 술기운에 수다를 떨고, 재잘거리고 있는 나를 발견한다.
생선비린냄새보다 더 황당한 웃음소리를 내면서 농담을 지껄인다.

기분 나빴던 사람에게는 똑바로 하라고 호통을 치기도 하고, 섭섭한 사람에게는 "그러는 거 아니야"라며 쓴소리도 한다.
그래도 술 한잔의 "위하여"는 속에 가득 담아뒀던 쓴소리 잔소리들을 모두 녹여내기에 충분하다.

연거푸 위하여는 거듭되고 볼은 따끈따끈해진다.
여전히 마음에 안드는 화장실을 잠시 들리며, 나오는 길에 종업원에게 "화장실 청소 좀 하세요!"라고 잔소리도 한다.

그렇게 3시간을 떠들고 먹고 웃어대다가, 그 질퍽한 바닥을 물이 튀도록 걸으면서 되돌아 나온다.
살인의 추억의 계단은 아직도 못 끝낸 이야기를 하면서, 지저분했었는지도 잊은채 올라갔다 또 내려오고 있다.
비린내는 이미 적응이 된 건지, 아님 내 술 냄새에 더 취하는 건지 다 잊어버렸고, 이렇게 마음에 들었다 안 들었다 하는 노량진 수산시장을 스스륵 빠져나고 있다.

피곤한 몸을 택시에 태우고 집으로 돌아오면서,
누군가 내 손에 쥐어준, 스치로폼 박스를 발견한다.
뭔지 모르지만, 그 안에 뜨끈한 맘을 잔뜩 담은
싱싱한 해물이 있을 거라는 걸 감지한다.
새우여도 좋고, 전복이여도 좋고, 먹다 남은 회여도 좋다.
박스를 열지 않고 그냥 보고만 있어도 흐뭇하기 때문이다.

아침에 일어나 띵한 머리를 잡고, 숙취를 해소해준다는
특허 명약(?) 여명 한 캔을 들이키며 바쁜 아침을 서두른다.

김치냉장고에 넣어둔 그 해물은 저녁이면 맛난 반찬이 되어있겠지?
아직도 누가 그 박스를 쥐어줬는지 도통 기억이 나지 않는다.
아마도 내가 그렇게 불편해 하는 노량진수산시장이, 잘 봐달라며 쥐어준건 아닐런지…

다음주 화요일이면 노량진수산시장에서 또 약속이 있다.

회는 추울 때 먹는 거라면서 몇 명이 또 모여 가자고 한다. 나는 또 투덜거리며 그곳을 향하고 있을 것이다. 혹시 나는 그 비릿한 추억을 만드는 재미에 빠진건 아닌건지 생각해볼 일이다.

*사진은 노량진수산시장 홈페이지에서….

당신의 이야기를 들려주세요

업무적으로 이야기를 만들어야 하는 일이 많다.
소위 요즘 유행하고 있는 스토리텔링이라는 것인데,
신제품을 보고 그 제품의 장점을 쉽게 전달할 수 있도록
강력한 USP(Unique selling proposition)를 넣어서
이야기를 만들어야 한다.

어려운 기술을 고객의 언어로 쉽게 바꿔야 하는 과정을
거쳐야 하기 때문에 결코 쉬운 일은 아니다.
길게는 한달을 넘게 진행해야 하는 경우도 있다.

기술이 아무리 멋지더라도 고객이 이해하지 못한다면
그 기술은 인정받지 못하고 사라질 수도 있다.
그리고 그런 경우도 많이 봐왔다.

하지만 아무리 단순한 기술이라도 고객에게 적절히 어필되면
그야말로 최고의 기술이 되는 경우도 많이 보아 온 터라,
고객의 언어 즉, 쉽게 이해할 수 있고 가치를 느끼는
이야기를 만든다는 것은 정말로 중요하다.

잘 만들어진 이야기는 고객의 귀에 착착 달라붙어
많은 매출로 이어지고, 혹 단기간에 매출을
일으키지 못했다 할지라도 제품에 대한

재미있는 이야기는 산과 바다를 건너 전 세계에 퍼진다.
그리고 언젠가는 매출로 되돌아온다.

30분 안에 지구반대편 테러범의 영상을 받을 수 있는 시대를 살고 있으니 이 얼마나 중요한 일이 되었는가.

생각해보면, 꼭 제품의 홍보를 위해 이야기를 만드는 경우가 아니더라도, 우리는 인생을 살면서 흥미롭게 이야기를 만들어야 하는 경우가 있다.

취직을 해야 하는 인터뷰자리가 그렇고,
첫눈에 반한 상대에게 사랑을 고백해야 하는 경우가 그렇다.
심지어 아이들과 대화를 해야 하는 경우가 그렇다.

첫 출근을 한 회사에서, 회식자리에서, 모임에서,
상견례자리에서, 갑자기 마주하게 된 어떤 누군가에게도…

나는 나에 대해 어떤 이야기를 할 수 있는가?
나라는 이야기 주제에서 나는 얼마만큼 강력한 USP를 찾아낼 수 있는가?

가끔 펜을 들고 나에 대해 써보자면, 이름, 나이, 직업,

가족… 여기까지 쓰고 잠깐 멈춰진다.
특별한 취미나 특기가 있다면 다행이겠지만,
그것이 변변하지 않다 싶으면, 영 쓸 말이 없다.

심지어… 지금…, '당신은 어떤 사람입니까?'
라는 질문에 약 5분 정도로 이야기할 수 있는가?
시계를 들고 시작해보자. 버벅거리지 않고
술술 이야기할 수 있는 게 몇 분, 몇 초나 될까?
그리고 시작이 됐다 한들 얼만큼 강력하게
자신을 소개할 수 있을까….

이야기는 시작됐는데 정말 말하고자 하는
그것은 말하고 있는가?
아니면 그냥 주변이야기로 시간만 보내고 있는가?

왜 영화를 즐기게 됐는지, 나는 왜 그 대학에 들어갔는지,
내 부모님은 어떤분들이신지 마치 제품의 USP를 찾듯이
나에 대한 장점 스토리를 만든다는 것,
그렇게 녹록한 일은 아니다.

자…, 그렇다면 어떻게 하라는 이야기야? 하는 궁금증이
생기고 있을 것이다.

이야기를 만드는 수많은 기법과 전략은 지면이
부족할 정도로 많고 다양하다.
책도 수천 권이 나와 있을 정도로 많은 사람이
고민하고 있다.

20년 가까이 이야기를 만들어온 내가 가장 집중하는 것은,
어떻게 탄생하게 되었는지
그 이야기를 듣는 데서부터 시작한다.

그것만큼 흥미진진한 것도 없다.
어떻게 이 제품이 탄생했지?
어떻게 이 기술은 세상에 나왔지?
라는 의문에서부터 시작한다.

때로는 아무런 정보가 없이 그저 자료로만
그것을 접하게 될 경우…
이거…, 쓸데없이 만든 것 아니야?
위에서 새로운 것 찾아보라고 하니까 그냥 억지스럽게
나온 거지?
정말 이러지 말자, 하면서 신기술 비웃게 되는 경우도 있다.
마치 자신의 탄생이 어설픈 사랑의 결정체 또는
의미없는 인생의 시작은 아니었을까?

나의 존재는 과연 가치 있는가를 의심하게 되는 것처럼…

연구원과 개발자를 찾아 인터뷰하고 또 그 기술에 대한
최초의 연구결과를 찾고,
특허 내용과 심지어 정말 이해하기 힘든 제품설계도면까지
들어야 보는것으로 제품에 대한 탄생배경을 이해하는 것이
나의 제품에 대한 USP 개발의 시작이다.

이것을 이해하게 되면, 기술에 대한 스토리라인을
잡는 것이 훨씬 수월하고 듣는 사람들도
편하게 들을 수 있다.

회사에서 정해준 USP는 물론 기본이다.
하지만, 나의 마케팅 라인에서 다시 펼쳐지는
USP는 그것과 사뭇 다를 때가 많다.
더 깊고 강력하게 파고들게 하는 것이 목적이기 때문에.

나를 이해할 때, 나의 이야기를 만들 때의 기본도
그렇지 않을까?
나는 어떻게 태어났는지 그것부터 시작해야
담백한 이야기가 탄생된다. 기본 중에 기본이 될 것이다.

물론 각 개인별로 조금은 남보다 화려한,
조금은 남보다 어두운 부분이 있을 수도 있다.
혹시 어두운 탄생이었다고 해서 우울해할 필요 없다.
그것은 현재를 더 빛나게 반전시키는
멋진 배경스토리로 재탄생될 수 있다는 점을 기억하자

시작점, 기본, 출발선을 알고 있다는 것은 그 어떤 것보다
중요하다고 생각된다.
그것 없이는 그 어떤 것도 존재할 수 없었을 테니까.
훈훈한 스토리를 만들어주자.
결혼도 임신도 신중하게 하고 탄생에 대해서 만큼은
아이에게 그 책임을 돌려서는 안된다.

그 순간 얼마나 서로 사랑했었는지, 어려웠지만,
얼마나 그 탄생이 소중했었는지
그 말을 전해줄 수 있도록 이야기를 준비해야 할 것이다.

그 아이가 자신의 이야기를 만들어낼 때 자신있게,
써내려 갈 수 있도록….
다른 사람들 앞에서 자신이 얼마나 소중하고 대단한지
당당히 말할 수 있도록 해주자.

탄생신화를 갖고 있는 존재는 아니더라도 아름답고
소중한 사람이라는 정도는 느끼게 해줘야 한다고 생각한다.

한해도 많은 이야기를 만들어내야 하는 시점에 놓여 있다.
지금은 그 큰 한 방의 아이디어를 위해 잦은 작은 방을
준비하고 스터디하고 있는 중이다.

흥미롭고 매력적인 이야기가 많이 탄생되기를 바라면서…

멸치볶음철학

어떻게 사는 것이 잘하는 것일까?
살면서 이 문제는, 영원한 과제이자 꾸준히 고민해야 할
내 삶의 중요한 부분이다.

선인들의 좋은 이야기도 찾아보기 위해,
도서관과 서점을 자주 들락거리기도 하고,
좋은 영화를 골라보기도 하고,
유명한 강사의 강의를 듣기도 하고, 교회를 가거나
절에 찾아가 보기도 한다.

훌륭한 내용이 담긴 책이 줄줄이 서 있는 책꽂이를 보면서, 많은 세월 저렇게 많은 책을 찾고 읽고 생각하고 했지만, 과연 나는 잘 살고 있는 것일까? 생각해본다.
그리고 정말 삶의 정답은 있는 것일까? 하는 생각도…

바쁜 일상에서 벗어나 하루 쉬는 날이면, 밀린 집안일을
하면서도 이런 생각들은 계속된다.

집안일에는 영 소질이 없는터라, 청소하기, 빨래하기, 요리하기 등은 최대한 좋은 가전제품을 구입해서 서툰 솜씨가 들통나지 않도록 한다.

또, 한 시간 정도 힘써 일을 하고 나면 서서히 지치고, 지루해져 버리는 나이기에
최대한 짧은 시간에 해내는 게 숙제이다.

그 중 중요한 일은,
일주일동안 아이들의 먹을 반찬을 준비해두는 일,
마른반찬을 넉넉히 한다.
콩도 볶고, 장조림도 하고, 깻잎도 켜켜히 재워두고,
채소도 데치기도 하고, 생으로 썰어두기도 해서
일주일을 버티도록 해둔다.

이렇게 준비가 되면 찌개나 국, 또는 카레소스 등을 만들어
하루 반찬을 해결할 수 있다.
직장생활을 하는 엄마들에게는 아마도 주말에 이런 것은
일상이 되었을 것이다.

결혼하기 전에 친정엄마가 차려주시면 밥상을
부스스 일어나 먹고 출근하던 나였기에
요리는 결혼해서 거의 배웠고, 아직도 서툴다.

'어떻게 사는 게 잘하는 것일까?' 에 대한 고민에 빠졌던
어느 일요일, 이번 주 반찬 아이템은 멸치볶음.

남편은 말렸다.
멸치볶음은 할 때마다 제대로 되지 않는 요리 중에
하나이기에, 또 짜증내는 나를 보기도,
또 제대로 되지 않는 멸치볶음을 먹는 것도
힘든 일일 테니까

왜 그런지 늘… 열심히 해낸 멸치볶음은 과자처럼
너무 바삭바삭하거나, 너무 태우거나
또는 돌처럼 딱딱하게 엉켜서 한 젓가락에 모두 올라온다.

에휴, 이를 어째, 또 실패했네….
남편은 이제, "뭐… 과자같이 맛있네 그냥 먹지?"
하면서 위로같은 빈정거림을 선물한다.
물론 사랑스런 우리 아이들은 "엄마 완전 맛있어"
하면서 엄지손가락을 올려주지만, 사실 정말 그건 아니다.

왜 그렇게 되지? 하면서 인터넷을 뒤져 찾아보기도 하고,
최후의 수단으로 친정엄마에게
그리고 시어머니에게 물어서 드디어 그 비법을 터득했다.
내가 깨달은 멸치볶음요리의 관건은 불조절이다.
처음에 후라이팬을 달궈 멸치의 잡냄새를 없애야 한다.
이것이 첫 번째 불조절이고

두 번째는 불을 확 줄여 중불에서 멸치를 달달 볶는다.
이것이 두번째 불조절이다.
어느 정도 볶아진 다음에는 약한 불로 낮추고
올리고당을 넣어 마무리를 한다.
이것이 세번째 불조절 비법이다.
물론 요리를 잘하는 분들에게는 조금 웃긴 이야기겠지만,
나는 이것을 발견하기까지 수년이 걸렸다.
드디어 이제 제법 그럴싸한 멸치볶음이 완성되었다.
식탁에 올려놓고 가족에게 으쓱 한번 하고
맛난 멸치볶음요리를 자랑한다.

깨끗하게 비워진 저녁상을 치우면서 이런 생각이 들었다.
불조절이라…, 불조절….

맞다…, 불조절, 나는 불조절에 서툴다.
꼭 멸치볶음에서만 아니라,
일상에서의 불조절도 잘하지 못한다.
벌컥 큰불을 켜버려 내 온몸을 태워버린 적도 있고,
너무 약한 불로 제대로
해보지도 못하고 포기해 버렸던 일도 있었다.

너무 빨리 불을 꺼버려서 완성도를 떨어트려

내내 후회했던 일까지, 그런 일들이 드라마처럼
지나가며 내 머리를 마비시켰다.
마치 올리고당을 너무 많이 넣어 딱딱해져 버렸던
멸치볶음처럼….

요리마다 단계별로 불조절해야 제대로 해야 하는
방법들이 있다.
곰국은 팔팔 끓인 다음 중불로 오랫동안 서서히
그 맛을 우려내야 하고
볶음 요리는 그게 고기든, 오징어든 미리 간을 충분히
해두었다가 너무 오래 볶지 말고
센불에 빨리 요리해야 한다.
그렇지 않으면 질겨져서 그 맛을 제대로 못 느끼게 된다.

녹색채소는 팔팔 끓는물에 빨리 데쳐내야 하고.
또 자르지 않는 상태에서 데쳐야 한다.
그래야 영양소도 파괴되지 않고
또 아삭하게 먹을 수 있기 때문이다.

마흔 중반에 들어서며 이제야 제대로 하는
요리의 불조절하기, 설거지를 하면서 피식 웃었다.
삶에 대한 답을 찾아 도서관으로, 서점으로, 강연장으로,

공연장으로 쫓아다녔던 나는
주방에서 뜻밖의 답을 발견한다.
파랑새를 찾아나섰다가 파랑새는 결국 집에 있었다는 것을
발견한 아이들처럼 나는 그렇게 피식피식 웃는다.

생각해보면, 어린 나이에 너무 급하게 뜨거운 사랑을 해버려,
그 사랑을 놓쳤다.
더 오래 고민하고 연구했어야 하는 프로젝트는
성급한 불조절로 진한 국물맛을 못내 실패로 돌아갔다.
급하고 지루한 것을 참아내지 못하는 나의 성격은
그 불조절에 비법이 있다는 것을 깨닫는다.
천천히 순서대로 정성을 다해야 제대로 맛이 나는 요리는,
나에게 가장 큰 숙제이자 배움터이다.

나는 가끔 아이와 함께 요리를 한다.
아이에게 순서를 지키는 것, 재료의 촉감 그리고 나누고
더하는 원리, 화학적 작용, 나눠먹는 보람,
대접하는 즐거움을 가르친다는 것을 핑계삼고 있지만,
사실은 급한 불조절을 하는
나의 미숙한 성격을 고치고 있는지도 모르겠다.
15분을 기다리라는 레시피의 명령에 나는 8분이 지나면
주방을 왔다 갔다 하면서 안절부절…

하지만 아이는 15분 알람을 맞춰두고 잠깐 TV를 시청한다. 엄마보다 훨씬 현명하다.

요리는 정성이라는 옛어머님들의 말씀은 아마도 굳이 인생을 도서관이나 서점 그리고 유명한 책에서 찾기보다 부뚜막에서 익혀온 현명함을 담은 철학이 아닐까 생각해본다.

앞으로도 나는 많은 질문의 답을 찾아 도서관과 서점 그리고 강연장과 공연장을 찾을 것이다. 그리고 주방에서도 답을 찾아볼 것이다.

찾으려는 마음이 멸치볶음에서 찾아지기도 하고, 곰국에서도 그리고 발효를 잘 시켜야 하는 식빵에서도 발견될 테니…

마지막으로 모양도 맛도 늘 실험정신으로 도전하고 있는 나의 요리를 맛나게 먹어준 가족에게 감사하고, 하나하나 솜씨가 늘어갈 때마다 최고의 찬사를 보내주는 아이들에게 감사한다.

어쩜 이런게 삶의 정답은 아닐까………

무엇으로든 힐링해야 하는 시대

요즘, 웰빙을 넘어 힐링, 육체적 건강을 넘어 정신의 건강을 생각해야 하는 시대에 살고 있다.

아마도 우리가 사는 지금은 육체적인 힘보다는 정신적인 힘을 많이 사용해야 하는 시대이기 때문일 것이다.

수렵과 농경이 한창이었던 시대는 육체적인 힘을 사용해야만, 살아갈 수 있었기에 지금보다는 정신적 힘을 덜 사용했을 터, 이제는 농사도 머리를 써서 해야 하는 시대가 되었으니 고통은 육체에서 정신으로 대부분 넘어왔다.

정신은, 육체를 지배해서 정신의 고통이 때로는 육체를 병들게 하고, 병든 육체는 또 다시 정신을 병들게 하는 악순환을 일으켜 결국 우리를 무릎 꿇게 만든다.

웰빙으로 오염되지 않은 깨끗한 육체를 만들었는데, 정신적인 건강이 해결되지 않아 힐링을 해야만 한다.
어떻게 무엇으로 힐링하고 있는가?

어디론가 훌쩍 떠나기도 하고, 갑자기 핸드폰을 꺼두고 몇 시간 잠적하기도 하고, 하던 일을 모두 내려놓고, 누군가와 열심히 수다도 떨고, 밀려둔 잠을 마치 죽은 듯이 자기도 하고,

그동안 만나지 못한던 동창들을 만나기도 하고, 이름 모를 누군가를 만나 쾌락의 늪에 빠지기도 하면서 힐링을 하는 위험도 감수한다.
모두 자기만의 방법으로 힐링을 위해 애쓰고 있고, 또 그렇게 해야만 살아낼 수 있다.

가전제품 홍보를 업으로 삼고 있는 나는, 가끔 고객에게 전달할 메시지가 잘 떠오르지 않을 때 고객과 직접 대화하려고 애를 쓴다.
직접 찾아가 인터뷰도 하고, 그냥 조용히 듣기도 한다.
그러면서 풀지 못한 해답을 찾기도 하고, 생각지도 못했던 힐링을 하고 돌아오기도 한다.

한 고객분의 이야기다.
영어 선생님으로 열심히 오래 교편생활을 하셨던 분인데,
결혼을 하고 몸이 안좋아 학교를 그만두었고 임신을 했다.
오래 직장생활을 했던 터라
늘 반복되던 것이 멈추고, 전업주부로 전향할 때 오는 막막함이 공포스러우리만큼 답답했다고 했다. 거기에 임신까지….
이 부분은 굉장히 공감되는 부분이기도 했다.
매일같이 가던 어떤 곳을 가지 않게 됐고, 심지어 몸도 좋지 않고, 누군가를 가르치는 직업으로 항상 많은 사람과 함께

했던 그녀는, 한동안 우울증에 빠졌다고 했다.
심지어 남편은 직업상 출장이 많아서 집에 혼자 있는 일이 많아, 그녀는 점점 말수가 줄어갈 수밖에….
아이가 태어났지만, 태어난 아이는 사랑스럽기는 커녕 원망스러웠고, 결혼한 것은 평생에 후회할 일로 남는 등 출산 후 1년이 지나도록 그렇게 무시무시한 삶에 대한 원망으로 이어갔다고 했다.
누군가와 대화라도 했으면 좋으련만 딱히 그런 것을 털어놀 누군가도 없었던 모양이다.
이야기를 듣는 내내 힘들었을 시간들이 너무 안쓰러웠다.
그러던 어느 날 남편이 로봇청소기를 결혼기념일 선물로 사들고 왔다.
로봇청소기가 아직은 덜 알려졌던 시절이라 남편은 거금을 들어, 아내를 놀라게 해주고 싶었던 것 같다.
신기한 청소기…, 이리저리 다니며 아이 때문에 늘 어질러지는 거실은 틈틈히 청소해주고 음성안내를 하면서 다니는 청소기는 마치 친구가 생긴 것 같았다 한다.
그녀는 하루종일 부지런히 돌아다니며 청소하는 로봇을 보며, 때로는 친구로, 때로는 친철한 도우미아주머니로, 그리고 때로는 힘을 내라면 활력을 가르쳐주는 선생님 같았다고 한다.
기계적인 작동이지만, 열심히 움직이며, 이리저리 치우고 다니는 로봇을 보며, 그녀는 한순간 정신이 번쩍들었다고 했다. 내가 왜 이러고 있지? 뭐하고 있는 거지?
그녀는 지난 1년을 돌아보고, 어지러웠던 정신을 추스리기 시작했다.
마치 어지러진 집을 청소하는 로봇청소기처럼 열심히 마음을 정리했다고 한다.

우울증으로 다니던 병원에서도 호전기미를 보이는 그녀를 응원해주었고, 남편도 다시 힘을 얻은 아내를 더 열심히 돕기 시작했다.
남편에게 로봇청소기 때문이라고 설명했지만
남편은 무슨 말이냐, 그저 아내에게 고맙다는 말만 했다고 했다.
사실 누가 들어도 당사자가 아니면 조금은 어색할 수도 있는 게 사실이다.
그녀는 영어공부방을 오픈했고, 아이들을 가르치기 시작했다. 요즘은 동네에서 꽤 유명한 영어공부방으로 소문이 났고, 활기차게 아이들을 가르치고 있다.

그녀는 이렇게 말했다.
로봇청소기가 나에게 힐링선생님이었다고…….

이런 말에 누군가는 웃을지도 모르겠지만, 난 그녀를 힘차게 안아주었다. 그녀가 힘들었을 시간에 공감했고, 그냥 홍보만 하려 했던 내가 너무 부끄러웠고, 힘차게 일어난 그녀가 너무 대견했기 때문이다.
그녀의 로봇청소기는 우리 회사의 2세대 청소기로 지금 보면 조금은 둔탁한 모델이다.
나는 부서에 제안해서 최신 로봇청소기로 저렴하게 교체할 수 있도록 해줬다.
그 금액보다 훨씬 많은 것을 생각하게 해준 그녀는 나에게 너무 고맙다고 했지만, 나는 그녀에게 너무 많은 것을 받았다고 말해줬다.

아마도 그녀는 꼭 그 로봇청소기가 아니었어도 거뜬히 일어났을 것이다. 그 시점에 로봇청소기가 있었던 것이고, 아내의 분주한 손길을 돕고자 했던 남편의 사랑이 그녀를 일으켜 세워줬을 수도 있다.

질투와 친하게 지내기

질투…
나는 질투라는 단어를 참 좋아한다. 왠지 매력적이다.

살아있다는 증거, 펄펄 뛰는 활어 같다는 느낌이다.
그리고 질투가 사라진 나를 생각하면,
김빠진 맛없는 맥주 같다고 해야 할까?
적당한 질투는 나를 움직이게 하고
또 새롭게 뭔가를 계획하게 하는 도화선이 된다.
회사에서 질투의 화신이라는 별명을 갖고 있는 나는,
누군가 잘하고 있는 것은 항상 모니터하고
때로는 따라 하고, 때로는 따라 하면서 발전시켜간다.

그리고 누군가 나를 질투하고 있다는
이야기를 들으면 즐겁다.
경쟁이라는 아슬아슬한 상황에서 내가 선두를
잡고 있는것 같은 쾌감 때문이다.

하지만, 질투의 화신이 그 적당함을 넘어서는 순간,
질투의 노예가 된다.
급기야 몸이 아파오기까지 하고,
기분은 바닥으로 내려 앉는다.
아무리 평온하려 애를 써도 질투라는 녀석은

내 마음을 뒤흔들어 놓기 마련이다.
적당선을 넘은 질투라는 녀석은
왜 우리를 그토록 힘들게 하는 걸까?
질투를 탄생시키는 구조적인 측면으로 보면,
우리의 뇌는 새로 들어오는 많은 정보들을 수많은 기억의
잔재들에 비추어 분석, 판단, 비교평가 후
반응수준을 순간적으로 결정하게 된다고 한다.
뇌는 열심히 정보를 처리하고 확인하다가,
저울질에서 내가 밀리는 순간을 발견하게 되고,
그것은 질투라는 녀석을 탄생시키고 점점 키우게 된다.

그렇게 되면, 그때부터 모든 정보는 천천히,
하나하나 그 질투라는 단서에 따라,
다 짚고 넘어가게 되며, 그러면서 시간은 천천히 흘러가,
아니 천천히 흘러가고 있다고 느껴지며,
더욱 우리의 마음을 괴롭힌다.

질투의 근원을 찾아 그냥 넘겨도 되는 많은
기억의 프레임들을 모두 검색하기 때문에
시간은 그야말로 천천히 그리고 고통스럽게 지나간다.
해서, 뇌는 많은 정보를 끌어내야 하고,
좋지 않은 호르몬은 더 많이 뿜어져 나오고

말초까지 예민한 신경은 곤두서게 된다. 급기야,
그 적정선을 넘어선 질투는 화로 그 화는 병으로까지
치닫게 만든다.
나의 경우도 보면,
적당한 수준의 질투 아닌 참을 수 없는 질투가 일어날 때,
심박수는 늘어나며, 머리는 지끈지끈하며,
겉으로 들어내려 하지는 않지만, 씩씩거리며 호흡을 하고,
심지어는 억울하다는 생각에 가슴을 치게 되는 것 같다.
왜 나는 아니고 그야? 하면서…

짧은 소식 하나에 나를 원망하고, 남편을 원망하고,
부모를 원망하고, 심지어 자식을 원망하고,
모든 것은 부당하다고 인생을 통틀어 자학하고 있는
나를 발견하게 된다.
결국 온몸은 통증이 일어나고, 사실은 맘이 아픈 거면서,
몸이 아프다고 착각한 채 병원에 가게 된다.
적어도 한번쯤 이런일을 겪게되는 게 우리의 삶이다.
아…, 너무 아프다…

그렇다면 어떻게 그 적정선을 지킬 것인가?
나의 커다란 숙제이다.
계속 이렇게 매 순간, 더 많아지는 질투의 순간에

몸을 다치게 하고는 살 수 없는 일이며, 이제는 치료의 수준을 더 이상 높일 수 없을지도 모른다는 생각에 무섭기까지 하다.

어느 날 출근 길 버스 안에서 흘러나오는 DJ의 멘트
"질투를 유발하는 것이 뭔지 아십니까?
질투의 기본은 대상이 나와 동등하다고
생각해서 라고 합니다.
같은 레벨이라고 생각했는데? 어라 저 녀석이??
하는 마음에서 시작됩니다.
혹시 선배에게 질투가 났다면,
그 선배를 나와 같은 레벨로 생각했다는 것,
후배에게 질투가 났다면,
나를 그 후배와 동일레벨로 생각했다는 것입니다.
그럴땐 살짝 그 동등함에서 분리해 빠져나오세요.
그럼 좀 편안해질 겁니다."

듣고보니 참 맞는 이야기라는 생각이 들었다.
같은 레벨이 아니었다면, 잘됐다 열심히 하더니
결국 해냈구나, 박수쳐줄 일이었는데,
그게 아니라 질투가 생겼다니…
1시간 정도 걸리는 출근길 버스 안에서,

전철 안에서 정말 많은 생각을 하게 됐다.
그 동안 무슨 짓을 한 것인가?
그동안 같은 레벨이라고 생각했던 사람들이
헤아릴 수 없을 만큼 많았으니 말이다.

질투는 더 우월하고 싶은 마음에서 출발하며,
그 마음은 더 비교하고 더 확인해서
내가 우세한 점을 발견하고 확인하려는 마음이다.

쉽게 이야기해 경쟁에서 살아남으려는 생존전략 중
하나인데, 아마도 원시 시절부터 생존해야 한다는
처절한 과제를 안고 살아온 우리의 삶에
이제는 본성처럼 자리 잡아버린 것은 아닐지 생각해본다.

예로부터 전해오는 인간사를 통해 보는 질투의 역사는
살인도 하고, 자살도 한다.
전쟁도 일으키고, 모든 것을 파괴하기도 한다.
내가 뭐 잘못한게 있어서, 또는 나는 왜...
아무리 바둥거려도 그렇게 안 되는 거야…
하는 억울한 마음을 다스리지 못한 채…

가끔 친구로부터, 동료로부터, 친척으로부터,

후배로부터, 들려오는 많은 소식들,
도저히 필터링이 되지 않는,
그야말로 질투를 일으키는 소식들이 있다.
또 그런 소식들은 대개가 한꺼번에 몰려와서 나를 괴롭힌다.
그럴 때 어찌할 바 몰라 헤매는 경우가 많다.
그리고 결국 질투의 노예가 된다.
이제는 질투와 좀 친해져야겠다.
노예가 되지 않으려면 친해지는 수밖에 없는 일이다.
나보다 더 열심히 했으니 당연한 결과고,
마땅하다라고 잠시 나를 그들에게서 분리해내는
습관이 필요할 것 같다.

그렇게 좀 분리해둔 다음, 좀 편안한 마음으로,
정말 그들은 어떻게 질투를 일으키는 경쟁력을 갖게 됐는지,
내가 부족한것이 무엇이었는지를 냉정하게
바라볼 수 있는 훈련을 해야겠다.
물론 쉽지는 않을 것이다. 하지만 그덕에 몸이
좀 편안해진다면, 억지로라도 해야 하지 않을까?

질투를 하되, 그동안 했던 것의 10%만 하면
내 몸이 더 편해지지 않을까 한다.
요즘 모든 병의 근원은 스트레스라고 한다.

그것에 한몫을 하는 이 질투라는 녀석을
잘 활용할 수 있다면 좋을 것 같다.

질투와 친해지기 쉽지는 않지만,
그렇다고 너무 쉽게 넘어오는 질투도 매력이 없다.
하지만 친해지려 애를 써야 한다.
그것이 나를 질투를 유발시키는 선의의 경쟁자로 발전시키며,
앞으로 닥칠 호모 헌드래드시대에
더욱 건강하게 노후를 맞이하는 방법이 될 것이다.
질투야 이 녀석! 좀 친하게 지내자!

최소한의 명분

오늘 멀리에서 편지가 왔다.

나의 후원이 그들에게 너무도 큰 도움이 된다는 편지…
부끄러움에 얼굴이 화끈거리고 속이 울렁거렸다.
정말 적은 액수의 후원에 이렇게 큰 선물을 받게 되다니 말이다.

그들은 밝은 미소와 함께 새해 인사를 한자씩 써서 들고 웃고 있다.
나의 부끄러움은 그 사진의 미소를 하나하나 살펴보며, 덩달아 미소로 바뀐다.

후원과의 인연은 이렇다.
몇 년 전 모임 약속으로 지하철에서 내려, 두리번두리번 하면서, 장소로 향해 나가는 출구를 찾고 있었다.
평소 별로 보고 싶지 않아 하던, 굶어서 뼈만 앙상한 아이들, 병을 치료하지 못해 죽어가는 아이들, 그런 종류의 사진들이 쭈욱 걸려있는 공간을 발견했다.
이런 공간을 정말 좋아하지 않는다. 싫어서라기보다는 마음이 너무 아프고, 안타깝고, 저렇게 아이들을 낳아놓고 키우지도 못하는 부모들이 미워서, 잘 보지 않는다. 아니 보지 못한다가 맞다.

그런데 그날은 왠일인지, 여러 사진 중 유독 눈에 들어오는 한 아이가 있어 멈춰섰다.
다들 힘든 표정을 하고 있었는데 그 아이만큼은 해맑은 표정으로 공부를 하고 있었다.
그 눈에서 나오는 힘이 아마도 나를 멈추게 했던 것 같고,
내 머릿속은 후원을 해야 하는 명분…, 최소한의 명분을 찾아내게 했던 것 같다.
저 아이가 공부만을 할 수 있었으면 좋겠다는 생각.
저 아이가 열심히 공부해, 그의 나라, 아이들이 죽어나가는 처참한 그의 나라를 구할 수 있는 정치가든, 종교가든, 외교관이든 그 무엇이라도 될 수 있다면 좋겠다는 생각이 들었다.
그것을 명분 삼아 나의 최초 후원이 시작됐다.

물론 그런 내 용기에 같이 간 선배가 옆구리를 찔러댄 탓도 크게 작용했다.
후원에 대한 아무 계획도 없었던 나와 선배는, 선뜻 서명을 했고, 정말 작은 돈이 신용카드에서 매달 빠져 나가도록 연결해둔다. 사실 그날 모임에서 내가 쓴 돈을 생각하면 정말로 적은 부끄러운 액수이다.
아이의 눈빛을 보고 서명을 하기까지 몇 분이 걸리지 않았다.
그런 짧은 결정이 오늘, 참으로 멋진 미소의 선물로 내게 되돌아왔다.

이름도 정확히 모르고, 어떤 상황인지는 잘 모르지만, 정말 밝고 예쁜, 멋진 미소다!

이름도 모르지만, 그 아름다운 눈빛을 갖고 내 눈을, 아니 내 마음을 사로잡았던 그 아이는 오늘도 공부 열심히하고 있을 것이라고 확신한다.

평소, 남들의 부족함을 돌아보기 전에, 내 가족이 온전한가를 먼저 돌아보자는 지론을 갖고 있는 나는, 처음으로 후원이라는 것을 하고 뿌듯함을 갖게 되었다.

솔직히, 아직도 모든 기부나 후원에 대해서 석연치 않아 하는 부분이 있다.
멀쩡한 몸으로 지하철 계단에서 구걸하는 이들,
기부한 돈을 잘못된 사리사욕으로 써버리는 단체장들,
과연 내가 보낸 금액은 실질적으로 쓰이는가에 대한 의심들
남을 위해 내 가족을 소홀히 하는 사람들에 대한 배신감들이 나를 멈추게 한다.

현재 나는 2곳에 후원을 하고 있다. 한 곳은 해외에, 한 곳은 국내에, 물론 정말 부끄러울 만큼 작은 액수이다. 하지만, 그 돈이 없어 죽는 아이가 나올 수도 있다는 말에 부끄러움을

조금은 내려놓는다.

매일 서너 잔씩 먹는 커피를 한두 잔으로 줄이고 있다.
결국은 건강을 위한 거면서, 후원을 위함이라고 말하려는 내가 유치하지만, 뭐 건강에도 좋고 기부도 할 수 있다면 합리적이지 않은가 하는 생각으로 마무리한다.

내년에도 또 이쁜 사진을 보내줄… 힘든 나라의 아이들…

힘내라, 열심히 꿈꾸고, 열심히 살아내라고 응원하고 싶다.
어여 그 나라를 구해, 더 이상 아이들이 이유 없이 죽지 않기를 진심으로 애쓰기를 바란다.

"고마운 사람…. 참 감사합니다"
이 말에 괜시리 눈물이 난다.
정말 나는 고마운 사람인가 생각하면서….

- 부경대 교육대학원 초등영어 석사
- 캐나다 King George International Colleage TESOL 졸업
- 신기초등, 어곡초등학교 영어담당
- 뮤엠영어 드림캠퍼스 원장
- ㈜해오름커뮤니케이션스 앤써맘 학부모기자 및 교육컬럼리스트
- 제 2회 광주 비엔날레 라이너 가날 작 '6hours 5days 4weeks teaching korean' 작품 참여 및 통역 담당

마흔

삶의 순간순간마다 소중하고 아름답지 않는 때가 어디 있겠는가? 의미 부여를 하기에 따라서 말이다. 하지만 마흔이란 이 단어가 주는 삶의 무게감은 참 특별하다.

검색어의 책 타이틀에 마흔이란 단어만 입력해도 마흔을 화두로 하는 책들은 쏟아진다.
수없이 흔들리고 아파하는 마흔의 자화상을 그린 책들이나, 논어나 손자병법같은 고전들을 읽으며 자신을 사색하라는 책들, 그리고 마치 인생의 도전의 마지막 타이밍처럼, 여러 재테크와 창업에 관한 책들도 넘쳐난다.
그만큼 인생의 전반부를 마무리하고 인생 2막을 위한 타이밍에서 한 번쯤은 자기 자신을 멀리서 바라보면서 중간점검도 해보고 앞으로의 남은 찬란한 삶을 위한 작전타임임에 틀림없나 보다. 제2의 어른들의 사춘기 절정인 마흔!! 어렸을 때 신체적인 심리적인 변화로 찾아왔던 그 아이들의 사춘기는 누구에게 투정을 부려도 애교로 받아들여짐이 허용이 되었던 것 같은데, 지금 내가 준비하고 있은 이즈음의 마흔은 그조차도 혼자 오롯이 느끼고 내면을 다져야만 할 것 같다.

이런 저런 생각 속에, 삶에 힘을 주는 여러 책들과, 소위 말하는 어떤 분야에서 성공을 했다는 롤 모델이나 멘토들을 만나보려 애쓰지만 결론은 어느 누구도 나의 고유한 삶에 대한 정답을 말해주거나 대신해 줄 수 없다는 것이다. 정답은 "내 안에 있다"라는 숙제와 함께 말이다.
우리네의 삶이 인생이라는 녀석이 라면 봉지 뒤에 쓰여 있는 간단 조리법처럼 누구나 따라할 수 있는 순서와 방법이 주어지면 얼마나 좋겠냐만은 어느 누구에게도 똑같이 적용될 수 없는 유일하게 레서피가 존재하지 않는 것인 바로 삶인가보다.

그래서 나는 나의 내면 속에 은연중에 틀처럼 둘러싸고 있는 고정관념들을 좀 내려놓고 인정하기로 했다. 일단은 마흔까지 뭔가를 이루어 놓지 않으면 안된다라는 원고 마감일과 같은 데드라인을 좀 유연하게 시간을 부여하기로 했다. 그리고 존재 자체가 완벽할 수 없듯이 내 안의 어린 자아를 포장하면서까지 완벽하게 지혜롭지 못한 나 자신을 책망하기보다는 더 상서로운 마음가짐과 시선으로 바라봐 주기로 했다.
그리고 삶의 불확실성을 희망이한 단어로 생각하기로 했다. 모든 게 짜여진 연극 대본처럼 다 결정이 되어있다면 어떤 노력을 해도 도저히 변화될 수 없는 운명에 처해있다면 그런 큰 불행도 없을 것이다. 오히려 알 수 없는 이 불확실성과 때로는 불확실성이 주는 두려움마저도 즐기자고 내 자신에게 말해본다.

얼마나 다행인가? 결정된 바가 없다고 하질 않는가?
오히려 이즈음에, 아주 근본적인 이슈들, 이제는 유행어처럼 익숙해져버린 행복이나 성공에 관한 자신의 방향성도 다시 한번 생각해보고, 세상을 몰랐던, 철부지처럼 마냥 순수했던 어린 시절의 나의 모습을 더듬어 보면서 어떤 나의 모습과 추억에서 가장 즐겁고 행복하고 잘 했었는지를 발견해보는 것도 좋을 듯 하다.

자기에게 맞은 휴식의 방법도 여러 가지가 있듯이 나에게 맞는 힐링이 되는 편안한 휴식과 같은 사유의 시간을 통하여 앞으로 남은 나의 차분하면서 역동적인 제2의 인생 후반부를 준비하기 위한 가장 적절한 타이밍이 바로 마흔인 것 같다.
누구나 행복하려고 애쓴다. 그리고 그 행복을 사랑하는 그 누군가와 되도록이면 많은 이들과 나누고 싶어한다.
나의 내면을 누구보다도 따뜻하고 단단하게 무장하여 10년 후 언젠가에는 방황하는 나의 후배들에게 잘하고 있다고 토닥여 줄 수 있는 멋진 선배의 모습으로 자리하고 싶다.

마흔 즈음의 나의 삶과 나의 모습을 더 사랑하자. 내가 나에게 응원하는 마음으로. 지금도 충분히 잘하고 있다고, 하지만 더 잘할 수 있으니 힘내라고 말이다.

아이러니

세상은 참 아이러니하다.
사람은 참 아이러니하다.

지구 어디선가는 배가 고파 죽겠다는데
지구 반대편은 비만이 문제란다.
너무 풍족한가 보다.

어느 한쪽에서는 88세대라며 취업이 안돼 고민인데
다른 한쪽에선 직장이 비전이 없다며 일탈을 꿈꾼다.

누군가는 쇼셜 네트워크를 통한 엄청난 인맥의 홍수 속에
사람을 굳이 만나지 않아도 외롭지 않단다. 그들만의 세상에
선 그런데 다른 누군가는 풍요 속의 빈곤이라며
얕은 관계 속에서, 많은 사람들 속에서 외롭단다.

엄마는 아이가 태어나준 그 자체만으로도 축복이자 감사였는
데 이제는 시간이 흘러 아이가 멀티 플레이어가
아니라서 고민이다.
모든 걸 완벽하게 잘해줘야 하는데 말이다.

세상은 참 아이러니하다.
사람은 참 아이러니하다.

예전 대학시절 배고픈 청춘일 때는 지갑의 3만 원에
세상을 다 가진 것 같았는데
지금은 꼬박꼬박 매달 입금되는 월급에 보너스가
들어와도 만족이 안된다.
조금 더 많이 벌어야 되는데 부족한가 보다.

연애 시절엔 무뚝뚝하지만 말 없고 한결같은 남자친구가
듬직했는데 결혼해서는 무뚝뚝하고 말 없고
한결같은 남편이 지루하고 재미가 없단다.

누군가는 빨리 어른이 되어 독립을 하고 싶은데
또 누군가는 부모님의 든든한 보호막이 있었던
어린 시절 그때가 너무나 그립단다.

세상은 참 아이러니하다.
사람은 참 아이러니하다.

사람 마음은 참 아이러니하다.
그러고 보니 내가 참 아이러니한 존재인가 보다.

아이를 가르친다는 것은

나는 15년째 아이들을 가르치고 있는 선생님이다. 지금은 학교 안에서, 머지않아 학교 밖 선생님을 꿈꾸며 제2의 삶을 설계하고 있다. 얼마 전 글에서 미래에 머지않아 사라지는 직업 리스트를 언급한 글귀가 생각이 난다. 교사라는 직업은 당당히도 2위! 머지않아 사라질 직업군 중에서도 너무나 높은 순위를 차지하고 있었다.

하긴 요즘과 같은 정보화 시대에서 지식을 습득하는 방법과 매체는 너무나도 다양해졌고, 교육 소비자들의 욕구도 다양해졌으며 점점 학생 수는 준다고 하니 마냥 부정할 수도 없는 노릇이다. 예전에 초보 선생님이던 나의 모습을 떠올리면, 내가 많은 지식을 가지면 정말 훌륭한 선생님이 될 거라 생각했고, 시간이 지나면서 소통이 없는 일방적인 나의 지식 전달은 참 무의미함을 깨닫게 되었다. 그리고 자연스레 가진 것을 잘 전달하는 선생님이 되는 게 나의 큰 숙제가 되었다.

좀 더 시간이 흘러 생각해보니, 요즘은 잘 전달하는 것은 교사의 전문성을 위한 기본 사항이고, 아이들의 각기 다른 개성과 마음을 읽어주고, 그 아이가 하고자 하는 열정과 서로 다른 재능들을 가슴속에서 끌어내는 코칭으로서의 교사 자질이 나에게 너무나도 크게 다가온다. 시간이 좀 더 흐르면 또 나에게 필요한 부분들이 새롭게 다가올 것이다.

아이들과 함께하는 경험과 추억 속에서 말이다.
그러나 15년 전과 지금과 비교했을 때 절대 변하지 않는 한 가지는 아이들은 내가 주는 만큼 받아들이고, 성장한다는 것이다. 교사인 내가 그려주는 큰 그림의 정도에 따라서 아이들의 꿈의 크기는 달라질 수 있으며, 내가 아이들을 믿고 기대하는 만큼 이상하게도 아이들은 마치 그 기대에 부응이라도 하듯 자신감을 갖는다.

아직은 연약한 아이들, 사회에 당당한 어른으로 나아가기 위해 고민하고 조금씩 준비하는 우리 아이들에게 가끔씩 교사라는 권위로 본이 아니게 상처는 주지 않았는지, 가르치는 일이 익숙해져버려 수업 준비를 소흘히 하진 않았는지 반성해 본다.

지금까지 많은 아이들을 만나왔고 앞으로도 많은 아이들을 만날 것이다.
나의 이 일이 직업인으로 전락하지 않기를 다짐해본다. 요즘처럼 성공에 대한 열망과 비교가 많은 시대에 아이들과 함께하는 소박한 나의 일에 대한 자부심과 사명감이 떨어지지 않기를 소망한다. 너무나 빠른 변화 속에서 자칫 도태되어 아이들에게 미래에 대한 비전을 심어주지 못하는 선생님이 되지 않기를 소망한다.

각자 존귀한 존재로 태어나 삶이 머무는 동안, 자기에게 주어진 어떤 소명이 있다면 나는 아이들에게 꿈을 심어주는, 아이들이 걸어가는 꿈길에서 함께 묵묵하게 걸어주는 친구와 같은 선생님이 되기를 소망한다. 오늘은 내가 선생님이란 이 사실이 눈물 나도록 감사하다.

엄마

엄마란 단어는 참 따뜻하면서도 가슴 아린 단어이다. 자식을 낳아보면 그리고 키워보면 엄마의 마음을, 부모의 마음을 안다지만, 나는 어쩌면 알고 있는 것처럼 흉내 내고 있는지도 모르겠다. 그리고 아빠가 돌아가신 후 엄마한테 정말 잘해드려야지 전화도 자주 드려야지 굳은 다짐과 비장한 각오도 했었는데, 돌이켜 나의 변화된 행동들이 있었나 자가 반성을 해보니, 부끄럽기 그지없다. 그리고 은연중에 아직 남은 시간이 많다고 생각하며 여유를 부리기도 한다.

그리고 남편과 엄마를 동시에 떠나보내야 했던 우리 엄마를 바라보면서도, 너무도 씩씩한 척하는 엄마의 모습 속에 그 쓰린 속내와 아픈 마음을 이해하기 보담은 우리 엄마는 원래 강한 사람이니까 하며 대수롭지 않게 여겼는지 모른다.

사실 원래부터 강한 사람도 없거니와 누구나 그 내면은 연약한 자아가 존재하는데도 말이다. 어렸을 땐, 엄마가 나에게 잔소리도 많이 하고 나에 대한 기대치도 많아 시키는 게 참 많다고 생각했는데, 이제 보니 어느덧 조금 나이가 든 딸이라고 저녁은 챙겨먹어라, 추운 날은 밖에 나가지 말고, 길 다닐 때는 미끄러지니까 조심해라, 너무나 아둥바둥 인생을 살면 안되고 이제는 쉬어야 할 때 라며 훈계 아닌 훈계까지 하며 거꾸로 엄마에게 내가 잔소리를 하고 있으니 아마 엄마는 속으로 얼마나 웃기겠는가?

글을 쓰고 있는 이 순간에도 가슴은 오글거리며 다시 한번 비장한 각오도 해본다.
이제부터는 정말 더 잘해야지. 그리고 전화도 자주 드리며 돈도 많이 벌어서 효도 여행도 많이 시켜드리고, 아무리 바빠도 시간을 내서 자주 손자 얼굴도 사위 얼굴도 보여주며 자주 인사드려야지 하면서 말이다.
하지만 정작 엄마가 바라는 자식의 모습은 무엇일까? 내가 비장한 각오를 하는 만큼의 뭔가 거창한 것을 바라고 계실까?
아마도 정말 소소한 표현 하나에 그냥 모든 서운한 감정들이 사르르 녹듯이 하루가 행복하고 그 존재만으로 든든하지 않을까? 지금 내가 가진 어느 것도 영원한 것은 없다. 돈도 일도 사람도. 잠시 나에게 아주 큰 인연으로 머물다 가는 것인지도 모른다.

먼 훗날 내가 그토록 그립고 보고파도 볼 수 없는 엄마가 되기 전에 더 많은 추억들을 함께 하고 나누어야겠다. 그리고 나중에 때 늦은 후회를 하기 전에 쑥스럽더라도 사랑한다는 말을 더 많이 해야겠다.
표현하지 않으면 사람 마음을 모른다고 했던가? 아니 설사

안다고 하더라고 다시 한번 확인하면 너무나 행복한 게 서로 아끼고 내가 소중하게 여기고 있다는 마음의 표현이 아닌가? 어떤 투정을 해도 뻔뻔하게 미안하지 않는 척할 수도 있고, 세상 모든 이가 나를 외면해도 엄마만큼은 끝까지 나를 위로해 줄 것 같은 이 든든한 존재감이 오늘도 내게 있다는 것이 얼마나 감사한지 모르겠다.

그리고 지금은 부족한 딸, 부족한 어린 엄마의 경계에 있지만 조금 더 철든 딸 그리고 성숙한 엄마가 되기를 소망해본다. 우리 아들도 언젠가 나를 참 따뜻하고 든든한 존재로 생각할 수 있도록.

작은 행복

퇴근길 좋아하는 친구로부터 전화가 왔다. 잠깐 집 앞으로 나오라는.

요즘은 문자 메시지, 카카오톡 등 워낙 간단하고 빨리 마음을 전하는 게 익숙해져서인지 친구의 음성을 직접 듣는 것만으로도 왠지 설레고 정겹다. 운전 중 들뜬 마음에 라디오 음악 소리도 키워보고 서둘러 도착해보니 친구가 예쁜 미소를 지으며 서 있다. 친구는 작은 머그컵 하나를 들고 있었다. 빨강 머리 앤 그림이 그려져 있는 머그컵에 달콤한 쵸컬릿이 담긴 세상의 단 하나 뿐인 직접 만든 수제 머그 컵.
"미리 크리스마스야!"
마음속 몽글몽글 따스함이 번져오는 것이, 나의 감사함과 행복한 마음을 표현하려니, 밝은 미소만으로는 뭔가 부족한 느낌이다.

어렸을 땐 진심으로 산타 할아버지도 기다려보고, 크리스마스가 다가오는 즈음엔 바짝 착한 행동을 하며 작은 선물도 소망해보고, 가장 아끼는 양말도 걸어놓고 그랬던 순진무구한 시절이 있었다. 하지만 언제부턴가 "참 크리스마스 분위기가 안나지." 하면서 왠지 조용하고 소박해져 버린 연말 분위기에 동조하고 있는 나를 발견하게 된다. 그런데 초등학교 1학년인 나의 아들은 어린 시절의 나처럼 산타 할아버지를 기다리며, 평소보다 과한 애교와 자발적인 심부름으로 뭔가를 잔뜩 기대하며 설레는 눈치다. 다가오는 똑같은 크리스마스를 나와 아들은 다르게 느끼고 있는 것이다. 생각해보니 크리스마스 분위기가 안 나는 것이 아니라 나의 마음의 여유와 순수함이 많이 없어진 것은 아닌지 생각해본다.

어쩌면 나의 일상 속에는 소소한 행복과 작은 이벤트들이 항상 나와 함께하고 있었는데 받아들이는 나의 마음이 그런 소소함을 못 느끼고 있는지도 모른다.

시오노 나나미는 "로마인 이야기"에서 "인간은 누구에게나 모든 게 보이는 게 아니다. 많은 사람은 자기가 보고 싶어 하는 것밖에는 보이지 않는다." 고 했던 율리우스 카이사르의 말을 자주 인용했다. 누구에게나 모든 게 다 보이는 것이 아니라 대부분의 사람들은 자기가 보고 싶어 하는 것 밖에는 보지 않는다고 말이다.

어찌 보면 세상은 눈으로 보는 것이 아니라 마음으로 바라본다는 말이 맞는 것 같다.
내가 보고자하고 느끼고자 하는대로. 우리가 그토록 바라는 행복은 외부의 어떤 조건과 상황이 나를 행복하게 만들어 주는 것이 아니라 나의 마음이 작은 것도 놓치지 않고 감사함으로 바라보고 의미를 부여하면 순간순간이 행복의 천국인 것이다.

나는 오늘 친구의 작은 머그컵 하나로 세상에서 가장 행복한 사람이 되었으며, 나 또한 누군가에게 무엇인가를 나누어야겠다는 생각을 하게 되었다. 우리의 삶이 부메랑처럼 작은 사랑 나눔이 불씨가 되어, 다른 누군가에 행복을 전하는 해피바이러스로 넘쳐나기를 꿈꿔본다.
사랑해. 나의 소중한 친구야!

- 충남대 보건학 박사수료
- 가톨릭대학교 대전성모병원 책임간호사
- 노인전문 간호사
- arirang TV 'two man from india' 출연
- 대전일보등 현장컬럼 다수

김경옥

드라마가 전하는 오늘의 메시지

"의사가 모든 환자를 다 살릴 수는 없다.
하지만 마지막까지 책임은 져줘야 한다.
사망까지…
사망 진단서 떼어주는 것까지…
필요하면 보험서류 만들어주는 것까지…
그리고…
유가족을 정중하게 대해주어야하는 것까지…
가족을 잃은 유가족들이 서류 등
사소한 문제로 마음 상하지 않도록
사망 진단서까지 세심하게 배려해야 한다."
- 드라마 '골든타임' 21회 최인혁 대사 중에서-

응급실과 중환자실에서 대부분의 병원생활을 한 나는
늘 삶과 죽음을 접하고 나도 모르게 서서히
죽음에 익숙해져 왔다.

예정된 안타까운 죽음 앞에서는 제발 내 근무 때만은
피해가기를 하고 바랄때도 있었다.

'well dying'
품위있고 편안하게 죽음을 맞는 것에 전적으로 동의하지만,
죽음이 임박한 시간에도 계속 요구되어지는

오더와 시술, 약물처치 등…

또한, 얼마나 많은 환자가 자신의 생을 마감하는 순간
중환자실에서 환의도 제대로 갖추지 못한 채 수많은
의사, 간호사, 의료진에 둘러싸여 진정으로
사랑하는 가족들과는 따뜻하게 마지막 작별인사도
나누지 못하고 이 세상과 이별하는가!

적극적인 최선의 노력에도 불구하고
사망 선언이 내려진 후 본원 장례식장을 사용하지 못하고
경제적 이유나 연고지 관계로 병원을 떠나는 순간까지도…
여러 가지 이유로 유족들에게 필요한 서류들을
제때 준비해주고 있는지 아닌지 다시 생각해 볼 일이다.

사랑하는 가족을 잃은 유족들을 위한 작은 배려가
드라마 속 최인혁 교수의 입을 통해
병원밥 먹는 사람들에게 전하는 오늘의 메시지다.

우린 중환자실 스타일 ICU 스타일

평소에는 따사로운 인간적인 여자
국화차 한잔의 여유를 아는 품격있는 여자
가운 갈아 입으면 발걸음이 빨라지는 여자
그런 반전있는 여자

나는 신규샘
이름만큼 눈물 많은 신규샘
일찍나와 물품 챙겨 커피 챙겨 바쁜 신규샘
인계받고 약챙기고 챠팅하다 시간가는 그런 신규샘
면회시간 까칠한 보호자속에 둘러쌓여
설명하는 그런 신규샘
여기저기 달려다녀 다리굵은 그런 신규샘

아름다워 사랑스러워
그래 너 hey 그래 바로 너 hey~~!!

나는 중간샘
이름처럼 마음 편한 중간샘
선배 챙겨주고 후배 가르키는 중간샘
여기저기 오더 걸러주고 중심잡는 여유 있는 중간샘

아름다워 사랑스러워

그래 너 hey 그래 바로 너 hey~~!!

나는 챠지샘
그날 근무 책임지는 챠지샘
일 챙기랴 밥 챙기랴 환자보는 챠지샘
근무 분위기도 책임지는 챠지샘
응급실, 병동, 수술실에서 환자 온다 전화받는 챠지샘

아름다워 사랑스러워
그래 너 hey 그래 바로 너 hey~~!!

시시각각 I/O 체크하는 계산기 갖고 사는 여자
떨어지는 Sa02 보면서 Endo tube까는 여자
손씻기로 손바닥이 쩍쩍 갈라지는 여자
체위변경 내 허리도 삐걱대는 여자
집에서 김치 썰고 비닐장갑 적출물 박스 찾는 여자
그런 직업병 갖고 사는 여자

아름다워 사랑스러워
그래 너 hey 그래 바로 너 hey~~!!

그래도, 늘 웃으며 환자 쾌유와 빠른 회복을 위해

최선을 다하는 우리들

근무 후 늦은 밤 함께 나누는 이야기속에
중구청 거리의 불빛이 아름답게 빛나고

내가 너의 손이 되고
네가 나의 발이 되어준
숨조차 고르기 힘들었던 고단한 하루 끝

이렇게 함께 하는 동행이 있다는 건
우리가 별이 되고
별들이 우리가 된다.

우정과 연대감의 별
기쁨과 희망의 별
나눔과 친교의 별만이
깜깜한 하늘에서 반짝인다.

그 별하나 나를 비추고
돌아오는 집 앞 불빛
오늘의 피로를 하얗게 씻어준다.

가을 그리움으로 채워지다

공주 태화산에 자리 잡은 마곡사는 여름엔,
산계곡의 시원한 물과 바람으로 사람들의 발길이 잦고
가을엔, 형형색색의 단풍으로 더욱 유명한 사찰입니다.

겨울의 첫관문 입동인 오늘 단풍의 절정이 땅바닥까지
내려와 고즈넉한 산사에 떠나가는 가을이 아쉬워
동료들과 함께 찾아왔지요.

사찰 내로 들어서자
몰아치던 강한 바람은 어느새 잠잠해 지고
산책로가 여러 갈래로 나누어져 있어 어느 길이나
늦가을의 정취를 느끼기에 충분했습니다.

계곡길을 따라 사찰풍경을 두 눈에 담고
백범 김구 명상길을 걸었지요.

가을비가 한차례 내린 후라
발걸음 따라 바스락 거리는 낙엽 소리는 들리지 않았으나
부드러운 낙엽길은 온전히 나에게만 허락된
계절의 선물이었습니다.

화려하면서도 맑디 맑은 단풍잎들…

단아한 사찰의 기왓장 위로 떨어지는
붉은 눈물 방울들을 보고 있으니,
가을은 주머니 속에 손을 넣고 있어도 왠지 쓸쓸하면서
가슴 한켠 비워진 외로움과 그리움 같습니다.

저 높은 나무 끝에서 나를 부르는
소리없는 이끌림에 단풍나무 아래서 한참을 머물렀지요.
거기 무엇이 있길래 머뭇거려지는지…
가을은 그런 것인가 봅니다.

낮은 담벼락과 바닥으로 눈내리듯 떨어지는
가을색의 어울림들…
어느 것 하나 나서거나 뽐내지 않고
넓은 하늘 아래 발길이 닿는 곳마다
눈꽃처럼 흩어지는 잎들을 봅니다.

단풍나무와 솔나무에서 나오는 피톤치드에 흠뻑 취하며
함께한 사람들간의 동료애와 사람향에
향기로운 오늘 하루가 총총총 저뭅니다.

우리들 마음에 빨갛게 녹아버린 가을 익는 소리들을
이제는 가슴속에 묻어두고 또 다른 계절을 맞아야겠네요.

하루 하루 일상도 힘이 들고
나잇값 티 안 내려 노력도 해보지만,
내 몸이 먼저 알고 일주일째 입술에 물집 달고 삽니다.

피곤함에 쫓겨 시월의 마지막 날 단상도 적기 전에
11월 하고도 칠일째 날이 저뭅니다.

오늘밤은 솔잎향내 품은
지혜의 단풍에 살며시 물들고 싶습니다.

보문산의 넉넉한 품속으로

산을 찾고 바다를 만날 때 사람의 마음도
산이 되고 바다가 된다고 하지요.
그래서인지 지난 한해 부지런히 산에 올랐던 것 같습니다.

늘 오르는 산이고 매일 걷는 길이지만…
오를수록 새롭고 갈수록 궁금해지는 세상

꽃 피는 산
새 소리에 묻어나는 솔향기, 풀냄새
낙엽 쏟아지는 소리
흰설탕 가득 쏟아놓은 눈천지 세상
부딪히고 스쳐가는 낱낱의 일상들이 툭 터진 시야 속에서
혼자 조용히 뒤돌아보기에 산처럼 좋은 곳은
없는 것 같습니다.

푹신하게 발 끝에 닿는 흙과 낙엽, 눈밭 속에도
늘 산행은 무디어진 내 두다리를 마지막 여정까지
완주하도록 보챔질합니다.

요즘 연말이라 각종 공중파 방송사마다
시상식이 한창이지요.
늘 해마다 느끼는 것은 프로그램 잘 만나서

단시간에 스타덤에 오르는 경우도 있지만,
끊임없이 좌절하고 노력의 시간을 보낸 사람들이
결국엔 그 진가를 발휘하는 모습을 보게 됩니다.

지금까지 성실하게 달려온 자신을 격려하며
묵묵히 지나온 시간들을 돌아보며
보는이와 함께 눈시울을 적시곤 하지요.

간호계 한분야의 일원으로
지금껏 달려온 제 삶도 살짝 되돌아 봅니다.

남들에게 보여줄 것 내세울 것 하나도 없는
늘 몽당연필 같이 부족하기 짝이 없는 후회 많은
지난 시간들이지만…

그럼에도 불구하고…
늘 지치지 않으려고 노력했고…
늘 웃으려고 기쁘게 생활했으며…
나태해지고 매너리즘에 빠지지 않으려고
애썼던 저의 성실함과 근면함에도 상을 주고 싶습니다.
돌아보면 그래, 힘든 시간도 있었지만 괜찮아…

산들산들 바람도 나를 맞아주고
향기로운 꽃들도 내게 인사하며
조용히 스미듯 내리는 빗물들도
때때로 나를 위로해 주지…

그리고 늘 제 주변에 사계절의 산처럼 두둥실 구름처럼
여러 포기의 산수화처럼
그렇게 소리없이 배경이 되어주는
고마우신 가족과 친구님들 사랑합니다.

보문산의 넉넉한 품속으로
올 한해도 또 오르고 걷고
그렇게 산과 만나야겠습니다.

나의 오랜 친구에게

오늘도 나는 나의 오랜 친구에게 말을 건다.

지루해지는 삶을 추스릴 수 있는
가슴 벅찬 활력을 주어 고맙고,
나를 늘 이해해줘서 고맙고,
따스한 시선으로 바라보는
너의 눈빛과 눈짓이 사랑스럽고,
늘 염려속에 나를 위해 기도하며
언제나 내편이 되어줄 것이기에 더더욱 고맙다.

무엇보다도 이 강추위가 물러가고 꽃피는 춘삼월
봄도 함께할 시간이기에 고맙고,
나지막히 낮은 톤의 너의 속삭임은
영원히 간직되어야 할 아름다운 기억이기에
그 어떤 인자하신 신부님의 강론보다도
내 마음에 평화와 따뜻한 위안을 안겨준다.

봄, 여름, 가을, 겨울, 계절이 보여주는
자연의 질서를 긍정하고
거기에 자연스레 따라오는 변화에 순응하는
이 충만한 행복감이 참으로 고맙다.
때때로 나의 의지와 노력과 바램과

정반대로 해석되는 인생사와 내가 걷고 있는 이 길이
잠시 갓길로 들어서고 있어도
언제나 정확한 목표를 향해 불 밝혀 주는 너는
내 옆의 책사이자 안심할 수 있는 믿음직한 이정표이다.

어슴프레한 시간
감나무에 걸쳐있는 저 차가운 겨울바람이 상쾌하고
쏟아지듯, 떨어지는 오늘 하루를 불태운
저 지는 해의 눈부심 또한 참으로 아름답다.

모세의 사랑인걸
가사 하나 하나에 내 마음을 담고
이렇게 가슴 울렁거릴 수 있는
살아있다는 유연성을 주어 고맙다.

아마도 너와 함께라면 삶의 길에서 만나는
기쁨과 아픔도, 사랑도 미움도, 기대와 설렘으로
다 가슴으로 부르는 희망의 노래가 될 것이다.

말없는 금빛 대청호 물결을 바라보며
오늘도 나는 내 오랜 친구인 너에게
석양 속 수다쟁이가 되어 본다.

엄지가족의 씽킹컵 Thinking cup

초판·펴낸날 | 2014년 2월 28일
지 은 이 | 홍창준 · 박효정 · 김례진 · 이혜령
김영주 · 김경미 · 심은정 · 김경옥
펴 낸 이 | 윤송석
편 집 | 차영미
펴 낸 곳 | 서정문학
주 소 | 서울시 성동구 천호대로 366(용답동, 미라보타워 911호)
전 화 | 02-720-3266
홈페이지 | http://cafe.daum.net/seojungmunhak.com
이 메 일 | sjmh11@hanmail.net
등 록 | 2007. 12. 18

ISBN 978-89-94807-29-4 03800
정가 10,000원